개인과
공동체를 위한
복지

개인과 공동체를 위한 복지

신창환 지음

경북대학교출판부

신창환

저자는 개인과 공동체의 관계, 그로 인한 문제에 대한 관심으로 직장을 그만두고 사회복지학을 공부하였다. 사회복지의 시장화와 관련된 논문으로 서울대학교 사회복지학과 대학원에서 박사학위를 받고 2012년부터 경북대학교에서 사회복지학을 강의하고 있다. 자본주의라는 서사(敍事) 속에서 타인에 대한 이해, 공감, 배려를 강조하는 사회복지의 서정(敍情)이 우리 삶을 행복하게 만드는 방법에 대해 고민하고 있다.

개인과 공동체를 위한 복지

초판 1쇄 2018년 2월 23일 • **초판 2쇄** 2018년 8월 29일
지은이 신창환 • **펴낸이** 김상동 • **펴낸 곳** 경북대학교출판부
출판등록 1973년 10월 10일 ㉱97호 • **주소** 대구광역시 북구 대학로 80
전화 053-950-6741~3 • **팩스** 053-953-4692 • **이메일** press@knu.ac.kr
홈페이지 http://knupress.com

ISBN 978-89-7180-480-3 93300

정가는 뒤표지에 있습니다.
파본은 바꾸어 드립니다.

머리말

필자는 강의를 할 때나 논문을 쓸 때, 복지와 관련된 사회적 이슈를 접할 때면 사회복지학을 전공한 사람으로서, 머릿속에 많은 생각과 고민들이 혼재되어 답답할 때가 많았다. 사회복지에 대한 잘못된 생각들이 비생산적인 복지 담론을 만들어 내는 것을 보면서, 비록 학문적 연륜과 사회적 경험은 일천하지만 사회복지에 대해 필자의 생각을 정리해야겠다고 마음먹었다. 이 책은 바로 그 결과이다.

현재 한국 사회에서는 다양한 복지 이슈들이 제기되고 있으며 이와 관련하여 복잡한 사회적 논쟁이 발생하고 있다. 단기간에 전 세계적으로 유례가 없는 급속한 경제성장을 이룬 우리 사회는 과거에 비해 상당한 물질적 풍요와 양적 성장을 이루었지만 그에 대한 반대급부로 여러 가지 사회적 어려움에 놓여 있는 상황이다.

현재 제기되고 있는 복지 관련 이슈들은 정치적 입장과 선거공학적 측면에서 단기적인 시각으로 다루어지고 있다. 사회복지의 의미와 목적, 역할에 대한 이해가 부족한 상황에서 복지 이슈와 관련된 복지 논쟁의 진행 과정은 사회복지의 지평을 넓히기보다는 오히려 사회복지에 대한 부정적인 시각이나 왜곡된 관점을 생성하고 있다는 것이 사회복지학 전공자로서의 판단이었다. 아울러 학부생들에게 사회복지학을 강의하면서 비전공자들도 쉽게 접근할 수 있는 '사회복지학 입문서'로서의 교재가 필요하다고 생각하게 되었다. 시중에 출간된 교재들은 전공자들을 대상으로 하는 개론서이거나 일반인들이 접할 수 있는 저서들은 특정 주제에 한정된 것이 많았다. 이에 사회복지의 핵심적인 내용을 학술적으로 다루면서도 일반인들이 쉽게 이해할 수 있도록 하는 데 초점을 맞추었다. 전공자뿐만 아니라 비전공자들과 일반인들에게도 사회복지가 나와 무관한 것이 아니라 사회라는 공동체 구성원으로서 삶을 영위하는 나와 직접적으로 관련된 하나의 사회제도라는 점을 인식시키고, 공동체의 발전을 위한 사회복지가 무엇인지를 생각해 보게 하는 데 목적을 두었다.

이 책은 먼저 우리가 추구하는 삶의 목적에서 사회복지의 의미를 살펴보는 것에서부터 출발한다. 사회복지의 의미와 역할에 대한 이해를 통해 공동체 구성원인 '나'의 삶에서 사회복지가 가지는 개인적·사회적 의미를 탐색하도록 하였다. 또한 우리 사회에서 벌어지고 있는 복지 논쟁의 내용과 성격들을 다양한 분야의 학문적 논쟁과 연관시켜 설명함으로써 우리 사회의 이슈들을 이해할 수 있도록 하였다. 이 책에서는 사회복지학 입문서들이 주로 사용하고 있는 분야별 사회복지 정책과 서비스를 나열하면서 제도를 설명하는 식의 제도 소개 위주의 구성을 탈피하여 사회복지의 주요 내용을 크게 4부로 나누어 주제별로 접근하는 방식을 택하였다.

모쪼록 이 책을 통해서 독자들이 사회복지를 이해하는 시각이 넓어졌으면, 그리고 우리 사회를 이해하는 시각도 같이 확장되었으면 하는 욕심을 가져 본다. 그러나 막상 출판을 앞두고 책의 구성과 내용이 처음 의도한 만큼 잘 정리되었는지 내 스스로에게 질문을 던져 보니 여전히 많이 부족하다는 답을 할 수밖에 없다. 필자의 역량과 노력이 부족한 탓이다. 앞으로 책의 구성과 내용의 보완은 필자에게 주어진 과제이다.

이 책이 출판될 수 있도록 많은 도움을 주신 분들에게 서면으로나마 감사의 마음을 전하고 싶다. 학술총서 간행을 지원해 준 경북대학교 사회과학연구원과, 시간적 제약에도 출판을 맡아 준 경북대학교출판부에 감사의 뜻을 전하고 싶다. 특히 다듬어지지 않은 문장과 내용을 독자의 입장에서 성실하게 교정하고 편집해 준 경북대학교출판부 편집진에게 진심으로 감사한다. 끝으로 이 책을 집필하는 동안 여러 면에서 지지해 주신 동료 교수님들과 가족들에게도 감사의 말을 전하고 싶다.

2018년 1월 복현캠퍼스 연구실에서

신창환

목차

머리말 — 005

제1부 사회복지의 의미와 목적

제1장 행복한 삶과 사회복지 015
1. 행복에 대한 정의 — 015
2. 사회복지의 정의 — 022

제2장 인간의 욕구와 사회복지의 목적 030
1. 문제 상황과 개인의 욕구 — 032
2. 사회복지와 욕구의 해결 — 039
3. 사회복지의 목적 — 046

제3장 인간발달과 사회복지서비스 050
1. 인간발달 — 051
2. 영·유아기의 발달과업과 사회복지서비스 — 054
3. 노년기의 발달과업과 사회복지서비스 — 060

제2부 개인과 사회구조, 사회복지

제4장 개인과 사회구조 069
1. 사회구조 — 070
2. 개인의 책임과 사회의 책임 — 071
3. 우리 사회의 위기 — 081
4. 위기에 대한 대안 — 085

제5장 소득분배와 재분배 088
1. 소득분배 — 088
2. 소득분배의 측정 — 094
3. 소득재분배 — 100

제3부 사회복지제도의 이해

제6장 사회보장제도의 이해 109

1. 사회복지와 사회보장 — 110
2. 사회보험제도의 특성 — 112
3. 공공부조제도의 특성 — 121
4. 사회수당과 기본소득 — 125

제7장 사회복지의 대상자: 보편주의와 선별주의 131

1. 무상복지 논쟁 — 131
2. 선별주의 — 134
3. 보편주의 — 135
4. 보편주의와 선별주의 각각의 주장에 대한 반론 — 138

제8장 사회복지의 재원과 지출 142

1. 한국의 사회복지 예산 현황 — 143
2. 한국의 사회복지 지출 수준 — 147
3. 사회복지 예산 확대 방안 — 149

제9장 사회복지와 가치 165

1. 복지국가와 사회적 가치 — 166
2. 자유와 평등 — 169
3. 사회정의 — 179

제4부 사회복지의 발전과 전망

제10장 사회복지의 역사 191

1. 빈민법 시대 — 191
2. 사회보험의 시대 — 196
3. 복지국가 시대 — 201

제11장 사회복지와 경제 207

1. 경제사상과 복지국가 — 207
2. 복지와 경제성장의 관계 — 212
3. 복지와 성장을 둘러싼 담론 — 216

제12장 사회복지 발전의 조건 223

1. 인식적 측면 — 223
2. 정치적 측면 — 229
3. 사회적 측면 — 232
4. 경제적 측면 — 237

제13장 21세기의 사회복지 241

1. 21세기 한국 사회의 과제 — 241
2. 한국 사회복지의 미래 — 248
3. 에필로그 — 250

참고문헌 — 253

표 차례

[표 3-1] 발달단계별 발달과업 053
[표 3-2] 양육수당 지원액(2017년 기준) 056
[표 3-3] 보육료 및 유아학비 지원액(2017년 기준) 058
[표 3-4] OECD 국가의 노인 자살률 현황 066
[표 5-1] 한국의 소득분배 현황 097
[표 8-1] 보건·복지·노동 분야 재정 규모 추이 146
[표 8-2] OECD 국가의 국민부담률 및 공공 사회복지 지출(2014년 기준) 151
[표 8-3] 조세부담률 및 국민부담률 변화 추이 152
[표 8-4] 근로소득세 과세표준과 세율 155
[표 8-5] 소득그룹별 소득세 부담률 156
[표 8-6] 법인세율 158
[표 8-7] 각국의 최고 세율 159
[표 8-8] 소득그룹별 사회보장기여금 부담률 161
[표 12-1] 부패인식지수(2016년 기준) 230

그림 차례

〈그림 1-1〉 자본주의 체제와 개인의 삶 026
〈그림 2-1〉 매슬로우의 욕구위계설 035
〈그림 2-2〉 인간을 둘러싼 사회환경 045
〈그림 3-1〉 OECD 국가의 노인 빈곤율 064
〈그림 5-1〉 한국의 소득행렬 092
〈그림 5-2〉 한국의 상위 10% 소득계층의 소득 집중도 093
〈그림 5-3〉 로렌츠 곡선 095
〈그림 5-4〉 지니계수의 계산 095
〈그림 5-5〉 OECD 주요국의 국가별 시장소득과 가처분소득의 지니계수(2014년 기준) 104
〈그림 6-1〉 사회보장제도의 구분 111
〈그림 7-1〉 선별주의와 보편주의 비교 140
〈그림 8-1〉 사회복지 예산 추이 143
〈그림 8-2〉 2018년 예산(안) 145
〈그림 8-3〉 OECD 국가들의 GDP 대비 공공 사회복지 지출(2014년 기준) 147
〈그림 8-4〉 OECD 국가들의 공공 사회복지 지출(시계열 추이) 148
〈그림 8-5〉 OECD 국가의 유효실질세율 157
〈그림 8-6〉 일반회계 수입 중 소득세와 법인세 비율 160
〈그림 9-1〉 1인당 GDP와 기대수명 176
〈그림 11-1〉 낙수효과 213
〈그림 11-2〉 낙수효과의 이론과 현실 215
〈그림 11-3〉 분수효과 215
〈그림 11-4〉 각국의 지하경제 규모 220
〈그림 12-1〉 OECD 국가의 타인신뢰도 235
〈그림 12-2〉 OECD 국가의 정부신뢰도 235
〈그림 13-1〉 국가별 상위 10% 소득계층의 소득 집중도(2012년 기준) 245

제1부

사회복지의 의미와 목적

제1장 행복한 삶과 사회복지
제2장 인간의 욕구와 사회복지의 목적
제3장 인간발달과 사회복지서비스

제1장 · 행복한 삶과 사회복지

1. 행복에 대한 정의

1) 삶에 대한 질문들과 행복

사람에 따라 차이가 있겠지만 우리는 살면서 이따금 혹은 매순간 삶에 대해 다양한 질문을 던진다. '나는 어떤 존재인가?', '나는 왜 태어났는가?', '나는 무엇을 위해 사는가?', '사후에는 어떤 세계가 있을까?' 등 다소 철학적인 질문에서부터 '내일은 무엇을 해야 즐거울까?', '졸업 후에 어떤 일을 해야 할까?' 등 일상적인 질문에 이르기까지 많은 질문과 맞닥뜨린다.

사회복지에 대한 설명에 앞서 '우리가 살아가는 이유는 무엇일까?', '삶의 목적은 무엇일까?'라는 삶에 대한 근본적이고도 다소 무거운 질문부터 시작해 보고자 한다. 삶의 목적? 자기가 원해서 태어난 사람은 없다. 태어났기 때문에 살아가는 것이다. 그리고 죽음이라는 마지막 삶의 관문을 향해 나아간다. 그렇다면 '살아가는 동안 어떻게 살아갈 것인가?'라는 질문은 우리 삶에 있어서 매우 중요한 질문일 것이다. 아마도 많은 사람들은 '어떻게'라는 질문에 '행복하게'라고 답할 가능성이 높지 않을까 한다. 그렇다면 여기서 '삶에 있어서 행복이란 무엇일까?'라는 또 다른 질문을 던질 수 있다.

행복! 수많은 사람들이 고민한 화두이다. 철학자 아리스토텔레스는『니코마코스 윤리학』에서 인간이 궁극적으로 추구하는 행위는 선(善)이며, 선을 달성한 상태가 바로 행복이라고 하였다. 그는 인간 행위의 궁극적인 목적은 '행복'이며 행복한 삶이 인간 존재의 목적이라고 강조했다.

그렇다면 우리는 행복해지기 위해 무엇을 해야 할까? 아리스토텔레스는 행복을 위해 철학적 관조의 삶을 권하고 있다. 인간에게 있어 최고의 행복은 바로 명상을 통해 관조적인 삶을 살아가는 것이라고 강조한 것이다. 요가를 하면서 명상을 하면 우리는 행복해질까? 명상을 통해 자아를 성찰하고 욕심을 비우면서 내면의 성숙을 통해 정신적인 건강을 추구하는 것도 행복하기 위한 방법이 될 수 있다. 하지만 우리가 행복해지기 위한 방법은 명상을 하는 것 외에도 무수히 많다. 이 책은 명상을 다루는 것이 아니라 행복과 관련된 사회제도 중의 하나로서 사회복지를 다루고 있기 때문에 사회복지의 개념을 설명하기에 앞서 먼저 행복을 좀 더 '사회과학적'으로 풀어 보고자 한다.

2) 행복의 정의

행복은 지극히 상대적이고 주관적인 개념이다. 그래서 행복의 정의 또한 매우 다양하고 천차만별이다. 개개인 각자의 가치관과 지향점에 따라 그 수준이 다양하고, 개인 간에 편차가 있다. 또한 인간은 변화·발전하는 존재여서 한 개인의 인생에서도 행복을 구성하는 내용들이 달라진다.[1]

철학자 칸트는 행복의 조건으로, 일을 할 것, 사람을 사랑할 것, 일에 희망을 가질 것을 꼽았다. 자기가 좋아하는 일을 찾아서 희망을 가지고 살아가는 것이 행복이라고 칸트는 설명하고 있다. 작가 괴테는 즐겁게 일할 수 있는 건강, 기본 생활 조건을 충족하는 경제적 여유, 좋은 결과가 나올 때까지 기다리는 인내심, 장래에 대한 불안을 이겨낼 수 있는 희망, 이웃을 돕는 자비심이 행복한 삶의 조건이라고 제시하였다. 이 외에도 수많은 철학자나 인문학자들이 행복에 대해 탐구하였다.

그렇다면 사회를 대상으로 연구하는 사회과학에서는 행복을 어떻게 정의 내릴까? 행복에 관한 철학자들의 행복론을 다루는 것이 아닌 이상, 현실적인 측면에서 행복을 정의한 사람들의 생각을 통해 행복의 본질을 검토해 보고자 한다. 미국 로체스터 대학교 스티븐 랜즈버그(Steven Landsburg) 교수는 "자본주의가 위대한 이유는 개인에 맞게 행복을 추구할 수 있다는 점이다."라고 강조하면서 자본주의 사회에서 행복의 의미에 대한 화두를 던지고 있다. 2007년 노벨경제학상 수상자인 미국 프린스턴 대학교 에릭 매스킨(Eric Maskin) 교수는 "행복은 어느 사회에서나 같다. 자신이 스스

---

1 김성천 외(2009). 『사회복지학개론: 원리와 실제』. 학지사. p. 13.

로 결정을 내리는 기회이다."라고 말한다. 미국의 저널리스트인 로저 로웬스타인(Roger Lowenstein)은 "행복은 사람들의 삶이 계속 좋아지는 것이다."라고 정의하고 있다. 미국 시카고 대학교 리처드 탈러(Richard Thaler) 교수는 "자본주의 사회에서 행복이란 즐기기에 충분한 돈을 벌 수 있는 행운을 누리는 것"이라고 말한다.[2]

이들의 의견을 종합하면, 개인이 자신의 삶에 대해 결정할 때 스스로 선택할 기회가 많아져 그러한 선택을 통해 자신의 삶이 점점 나아지는 것을 행복이라고 할 수 있다. 이러한 정의는 칸트와 괴테가 말한 행복의 조건과 상당 부분 부합한다.

필자는 행복을 이렇게 규정하고자 한다. 자유로운 선택의 기회가 보장되고 그 선택을 통해서 자신의 삶을 개선시킬 수 있다는 희망이 있는 것, 그리고 그 희망이 실질적인 삶의 조건의 개선으로 구체화되는 것.

3) 우리 사회의 행복 수준

행복과 관련하여 문제가 되는 것이 행복의 수준과 관련한 문제이다. 어떤 사람은 월 1000만 원을 벌어도 행복하다고 느끼지 못하고 또 어떤 사람은 월 300만 원에도 만족하고 행복하게 살아간다. 또한 똑같이 월 200만 원을 벌어도 어떤 사람은 만족하고 행복하다고 느끼지만 또 어떤 사람은 불만족하고 행복감을 느끼지 못할 수 있다. 인간은 변화·발전하는 존재여서 한 개인의 인생에서

---

2 EBS 다큐, 자본주의 5부작 중 〈국가는 무엇을 해야 하는가〉 중에서.

도 행복에 대한 기준과 수준이 달라진다. 이처럼 동일한 상황이나 다른 상황에서 행복은 개인적인 선택의 문제로 설명될 수 있다.

이와 같이 행복의 정의와 수준에 대한 판단과 지향점은 각각 개인들의 생각만큼 다양할 수밖에 없다. 행복을 개인적 차원에서의 관념과 인식의 문제로 풀어가는 것이 인문학의 문제라고 한다면 여기에서는 사회적인 차원에서 행복을 다루고자 한다. 행복의 수준이나 평가는 주관적인 것이기는 하지만 종합적이며 평균적인 수준에서 한 사회나 국가의 행복 수준을 가늠하고 비교하는 작업들이 많이 진행되어 왔다.

우리나라의 행복 수준은 어느 정도일까? 사회 전체적인 행복 수준이 의미하는 바는 무엇일까? 개개인들의 행복 정도를 완벽하게 반영할 수는 없지만 — 개개인들이 생각하고 느끼는 행복의 정의와 수준이 다르기 때문에 — 사회 구성원들의 평균적인 경향성을 통해 사회적인 차원에서의 행복 수준을 가늠해 볼 수 있다.

대표적인 것이 바로 삶의 질과 삶의 만족도이다. 사회과학에서는 사람들의 일정한 행동, 태도, 가치 및 인식을 측정하는 지표(indicator)들이 있는데, 행복과 관련하여서는 여러 지표들 중에서 삶의 질 지표와 삶의 만족도 지표가 대표적으로 사용된다. 이러한 지표들을 여러 나라의 국민들을 대상으로 조사한 다음 각 국가의 행복 수준을 비교한다. 행복을 측정할 수 있는 여러 가지 지표들을 계량화해서 상대적인 측면에서 여러 국가의 행복 수준을 비교하는 자료들이 있다. 우리가 언론에서 흔히 접하는 국제기구에서 발표하는 국가별 삶의 만족도, 삶의 질 정도가 바로 이러한 비교자료이다. 이 자료들을 통해서 각 국가의 평균적인 삶의 질 혹은 삶의 만족도 정도를 파악할 수 있다.

OECD에서는 매년 삶의 질 보고서("How's life?")를 통해서 '더 나은 삶의 지수(BLI: Better Life Index)'를 국가별로 조사한 결과를 발표한다.[3] BLI는 전반적인 삶의 질을 평가하는 일종의 웰빙지수(행복지수)로서, 총 11가지 항목(주거, 소득, 일자리, 공동체, 교육, 환경, 국정관리, 건강, 삶의 만족도, 안전성, 일과 삶의 균형 등 11개 분야)을 평가해 수치화함으로써 국가별 삶의 질을 가늠할 수 있는 지표이다.

한국은 2012년 24위, 2013년 27위, 2014년 25위, 2015년 27위, 2016년 28위로 나타났다. 2016년의 경우, 11개 평가 항목 중 삶의 만족도 지수는 10점 만점에 3.3점으로 31위, 일과 삶의 균형 지수는 5.0점으로 36위였다. 한국인의 전반적인 삶의 질은 OECD 국가들 중에서 하위권으로 나타났다. 세계 11위의 경제 규모를 가진 나라가 되어 경제적·물질적 토대는 향상되었지만 국민들의 삶의 질은 경제 규모에 비해 낮은 수준이다. 이 외에도 여러 국가비교 지표에서 우리나라 국민들이 인식하고 평가하는 삶의 질 수준이나 행복의 정도는 선진국들에 비해 낮은 것으로 나타나고 있다.

UN 자문기구인 지속가능발전해법네트워크(SDSN: Sustainable Development Solutions Network)에서는 2011년부터 전 세계 157개국의

---

3 2014년 BLI 종합순위에서는 호주가 1위, 노르웨이가 2위, 스웨덴이 4위, 덴마크가 5위로 조사되었다. 2015년 BLI 종합순위에서는 호주가 1위, 스웨덴이 2위, 노르웨이가 3위로 조사되었다. 대표적인 복지국가라고 할 수 있는 북유럽 국가들이 상위권에 포진하고 있다는 점을 알 수 있다.

행복지수를 발표하고 있다. UN의 행복지수는 1인당 국내총생산(GDP per capita), 건강수명(healthy life expectancy), 사회적 지지(social support), 신뢰(perceptions of corruption), 인생 선택에서의 자유(freedom to make life choices), 관대성(generosity) 등 여섯 가지 영역을 조사한다.

SDSN의 「세계행복보고서 2016」의 행복지수 발표에 따르면 한국은 조사대상 157개국 중 58위였다. 1위는 덴마크, 2위는 스위스, 3위는 아이슬란드였으며, 그 뒤는 노르웨이, 핀란드, 캐나다, 네덜란드, 뉴질랜드, 호주, 스웨덴 순으로 나타났다. 아시아에서는 싱가포르가 22위, 태국이 33위, 일본이 53위로 나타났다.[4] 보고서는 조사 결과를 토대로 다수의 국가가 불평등 심화를 대가로 경제가 성장하고 있으며, 불평등이 덜한 국가일수록 행복한 것으로 나타나고 있음을 강조하고 있다. 또한 인간의 복지는 경제적·사회적·환경적 목표를 결합하는 포괄적 방식으로 접근해야 하며 지속적인 번영도 포괄적 방식하에 가능하다는 점을 지적하고 있다. 이러한 보고서의 내용은 우리 사회에 시사하는 바가 크다.

OECD와 UN의 행복지수에 관한 국제비교 결과를 보면 북유럽 국가들이 상위권에 속해 있으며, 저소득 국가를 제외하고 한국은 경제적인 면과 소득 수준을 고려할 때 실질적으로 하위권이라는 것을 알 수 있다. 우리나라의 경우 소득 수준 이외의 영역(사회적 지지, 신뢰, 관대성, 삶과 일의 균형, 안전 등)에서 특히 지수가 낮다.

---

4 2015년 우리나라 국민의 행복도는 47위로 나타났다(1위: 스위스, 2위: 아이슬란드, 3위: 덴마크, 4위: 노르웨이, 6위: 핀란드, 8위: 스웨덴).

이러한 결과들은 소득 수준의 절대적 크기도 중요하지만 소득 수준의 상대적 크기, 사회적 신뢰와 정부의 투명성, 사회적 관대함, 일과 삶의 균형 등 소득 외적 요인이 우리의 행복 수준에 중요한 영향을 미친다는 점을 말해 준다. 소득과 행복은 어떤 관계일까? 소득이 높아지는 만큼 행복 수준도 높아지는 것일까? 소득이 높아도 행복은 그에 비례하여 높아지지 않는다는 '이스털린의 역설'이 있다. 이스털린의 역설은 소득이 증가하면 행복도가 높아지지만 소득이 일정 수준에 도달하면 행복도가 더 이상 증가하지 않는다는 가설이다. 이스털린은 방글라데시와 같은 가난한 나라 국민들의 행복지수가 오히려 높고, 미국·프랑스·영국 등 선진국 국민들의 행복지수가 낮다는 연구결과를 제시했다. 이스털린 역설은 우리 사회의 소득 수준이 높아졌음에도 행복지수가 소득 수준에 비해 낮은 상황을 일정 부분 설명할 수 있다는 점에서 행복에 관한 함의를 주고 있다. 행복에 관한 인식, 소득과 행복 수준의 관계에 대한 우리의 생각을 다시 한 번 정리하게 만드는 가설이다.

2. 사회복지의 정의

1) 사회복지의 의미

무상급식, 무상보육 등 복지 논쟁의 시대에 살고 있는 우리에게 사회복지는 매우 친숙한 용어이다. 실체적인 복지의 홍수 시대가 아닌 복지 용어의 홍수 시대에 살고 있다. 그럼에도 사회복지에 대한 정확한 이해는 부족하다. 여기서는 사회복지의 개념에 대해 살펴보자. 먼저 복지(福祉)를 한자로 풀어 보면 '복(福)' 자와 '지(祉)' 자가 합쳐진 단어로, 풍요한 삶을 신과 함께한다는 의미와 하늘이 내리는 복을 누린다는 의미이다. 복지는 결국 행복을 의미한다.

"복지란 행복과 이익, 복리란 뜻이 있고, 복지에 해당하는 영어 단어는 welfare인데, 영어의 welfare란 단어는 well과 fare의 복합명사로서 평안히 잘 지내는 상태를 의미한다. 여기에 social이란 형용사를 붙이면 사회적으로 행복한 생활 상태를 뜻하게 된다."[5] welfare는 well-being을 의미하기도 하는데, well-being은 만족스러운 상태 혹은 행복한 상태를 뜻한다. 이러한 사전적 의미를 종합하면 사회복지는 사회 구성원 전체가 행복을 누리는 상태, 그러한 상태를 만들기 위한 사회적 지향이나 실천을 의미한다. 즉, 사회복지란 바로 사회적 차원의 행복의 문제를 다루는 것이다.

여기서 단순히 '복지'라는 용어가 아닌 '사회복지'라는 용어를 강조하였다. 사회적인 수준에서의 노력, 집합적인 해결이라는 의미가 '사회'복지에 담겨 있다. 개개인들의 행복이나 안녕을 '복지'라고 한다면, '사회복지'는 사회 구성원 전체의 행복이나 안녕을 강조하는 의미를 담고 있다. 즉, 사회복지란 "인간이 만족스러운 삶을 영위할 수 있도록 하는 개인적 차원의 노력과 제도적인 차

---

5 장인협(1997), 『사회복지학개론』, 서울대학교출판부, p. 1.

원에서의 원조를 모두 포괄하는 의미를 지닌다."[6] 복지(welfare)가 개인의 안녕(well-being) 상태를 의미한다면, 사회복지(social welfare)는 사회의 안녕 상태를 의미한다.

2) 자본주의 경제체제와 사회복지

행복한 삶을 위해서는 다양한 요인들이 충족되어야 한다. 사회복지는 다양한 행복 요인 중 하나이다. 자본주의 사회에서 사회복지는 행복의 필요충분조건이다. 자본주의 사회에서 살아가는 우리에게 사회복지와 행복은 밀접하게 연관되어 있다. 행복의 정의에서 언급한 자유로운 선택과 기회의 제공이라는 조건은 바로 사회복지의 이념이기도 하다.

우리가 살아가고 있는 사회의 경제체제는 자본주의이다. 자본주의는 시장에서의 재화의 거래를 통해서 기본적인 생활을 유지하는 시스템이다. 노동시장에서 자신의 노동력을 판매함으로써 소득을 얻고, 그 소득을 가지고 생활에 필요한 상품과 서비스를 상품시장이나 서비스시장에서 구매한다. 자본주의 경제체제에서 생산과 소비의 출발점은 노동시장이라고 할 수 있으며, 노동시장에서 벌어들이는 노동소득이 우리의 삶의 방식과 삶의 질을 대부분 규정한다고 해도 과언이 아니다. 따라서 자본주의 경제체제하에서 노동시장과 일자리의 질에 대한 관심은 중요한 정책적 이슈가 될 수밖에 없다.

---

6 권중돈 외(2011), 『사회복지개론』, 학지사, p. 26.

자본주의 경제체제하에서 우리의 삶의 질은 노동시장에서의 일자리의 질과 직접적으로 연관되어 있다. 노동소득이 개인의 부(wealth)를 모두 결정하는 것은 아니지만 논의의 편의를 위해 개인의 부가 대부분 노동소득에 의해 결정된다고 가정해 보자. 노동소득(labor income)으로 생계를 유지해야 한다면 자신의 노동력을 노동시장에 지속적으로 판매할 수 있는지 여부가 개인의 삶에 있어서 중요한 요소이다. 그러나 우리가 노동시장에서 노동력을 지속적으로 거래하기 어려운 상황들이 발생한다. 처음부터 노동시장에 진입하지 못하거나 노동시장에 진입하였다 해도 중간에 노동력을 판매하기 어려운 상황(직장에서 일을 하다 건강을 잃거나 장해를 입어 더 이상 근로를 할 수 없는 경우, 여성의 경우 출산이나 양육으로 인한 경력 단절)에 처하거나, 자의가 아니라 회사의 폐업 및 구조조정으로 인한 비자발적인 실업, 사회적으로 규정된 퇴직제도로 인한 직장으로부터의 퇴출, 노령으로 인한 건강 악화 등 다양한 상황들이 발생한다. 이와 같은 요인들이 발생한다면 우리는 노동력을 노동시장에서 판매하기 어렵거나 아주 낮은 수준의 가격으로 판매할 수밖에 없으며, 이러한 노동시장에서의 거래는 개개인의 소득 수준에 부정적 영향을 미쳐 결국 개인의 삶의 질을 저하시킨다.

이러한 상황들을 '사회적 위험(social risk)'이라고 한다. 자본주의 사회에서 발생할 수 있는 대표적인 사회적 위험들로는 실업, 질병, 장해, 자녀의 출산과 보육, 노령, 사망 등의 요인들이 있다. 이러한 사회적 위험들은 자본주의 사회에서 누구에게나 닥칠 가능성이 있는 문제들이다. 현재 우리 사회에서 커다란 사회문제가 되고 있는 저출산, 고령화, 청년실업, 실업률 증가 등의 문제들이 우리가 당면하고 있는 사회적 위협이다. 노동, 노후, 의료, 주거, 출산, 보육, 장애 등 다양한 문제들이 복합적으로 우리의 행복(삶의 질)을 위협하는 요인으로 작용한다.

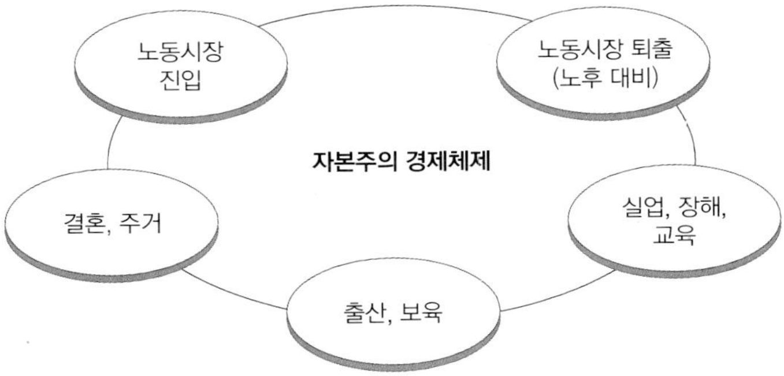

〈그림 1-1〉 자본주의 체제와 개인의 삶

그렇다면 사회적 위험을 완화 혹은 예방해 우리의 삶의 질을 조금 더 개선할 수 있을 방법은 무엇일까? 위와 같은 다양한 사회적 위험들이 우리의 행복을 위협하는 요인이라면 우리는 무엇을 해야 할 것인가? 이러한 문제들은 개인적인 차원의 문제이기도 하지만 자본주의 경제체제하에서 발생하는 사회적인 차원의 문제이기도 하다. 따라서 사회적 차원의 문제에 대한 사회적 대응이 필요하다. 한 사회의 행복 수준을 향상시키기 위해서는 단순히 개인의 노력과 의지만으로는 한계가 있다.

현대 자본주의 사회에서 발생하는 위험은 사회구조적 차원에서 발생하는 경향이 있다. 사회적 대응의 차원에서 사회복지가 필요한 것이다. 개인적 차원에서 대응하기에는 한계가 있기에 사회적인 차원에서 위험에 대비하고 위험을 준비하도록 사회복지를 제도화하는 것이다. 과거 자본주의가 발전하기 이전 사회 혹은 초기 자본주의 사회에서는 개인적 차원에서 각종 위험에 대응하거나 사회적 위험을 개인적인 운(運)의 문제로 귀착시켰다. 하지만 점차 사회가 발전하고 사회체계가 복잡화되면서 개인적인 노력과 운만으로 문제를 해결하는 것에 한계가 있다. 따라서 사회복지의 제도화를 통한 사회·국가와 같은 공동체의 역할과 책임이 강조된다.

사회복지의 제도화 수준이 높은 국가를 '복지국가'라고 하는데, 복지국가는 바로 자본주의 사회에서 발생할 가능성이 높은 사회적 위험들에 대처하거나 그것을 예방하는 사회복지제도가 정착된 국가이다. 물론 사회복지제도의 도입만으로 국민들의 행복 수준을 높일 수 있는 것은 아니다. 부탄이라는 국가의 경우를 보면 행복 수준을 높이는 방법은 그 사회·국가의 선택에 따라 달라질 수 있음을 알 수 있다. 과연 사회복지(제도화)가 행복의 필수 조건일까? 사회복지(제도화)는 산업화된 국가들의 사회보험과 공공부조 같은 사회복지 시스템의 형성과 시행을 의미한다. 산업화 측면에서 미개발국인 부탄의 경우를 보면 2011년 국가별 행복지수 조사에서 1위를 차지하였다. 입헌군주제를 채택하고 있는 작은 불교왕국이자, 1인당 GDP가 2,510달러밖에 안 되는 부탄은 국내총생산의 증가, 경제개발보다는 '국민총행복(Gross National Happiness)'을 국가운영의 기본으로 제시하고 있다. 부탄의 사례는 자본주의 경제의 발전과 그에 따른 사회적 문제를 해결하기 위한 현대적인 의미의 사회복지제도가 존재하지 않는다 해도 국민들의 행복한 삶을 위한 시스템이 작동한다면 국민들의 행복 수준은 높을 수 있음을 보여 준다.

3) 행복과 복지

행복의 정의는 막연한 개념적인 수준의 것이 아니라 실제의 정책과 구체적인 사회의 비전으로 제시되고 사회 구성원들의 삶과 연계되어 있다. 대표적인 복지국가인 스웨덴에서 사회복지의 확대를 끌어낸 주요 정치세력은 스웨덴 사회민주주의당(사민당)이다. 스웨덴의 사민당은 '자유선택 사회'를 복지국가의 이념으로 설정하여 복지의 확대를 이끌어 냈다. 자유선택 사회에서 국가는 국민 개개인이 자신의 삶의 가능성과 기회를 자유롭게 선택할 수 있는 조건을 만들어 주는 역할을 한다. 바로 스웨덴의 사민당은 우리가 지금까지 살펴본 행복이라는 정의에 부합하는 복지국가의 모습을 설정하고 사회 구성원들의 동의를 확보하여 복지의 확대를 이룩할 수 있었다. 복지는 나와 상관없는 불쌍한 사람들의 문제가 아니라 사회 구성원 모두와 관련되는 것으로서 '나'는 사회복지의 공급자인 동시에 수혜자가 된다. 앞서 UN이나 OECD의 행복 수준에 관한 국제비교의 결과에서도 볼 수 있듯이 우리 사회에서 소득과 행복의 관계, 그리고 행복과 무관한 사회복지에 대한 우리의 생각과 판단이 어떤 사회적 의미를 갖는지에 대해 생각해 보아야 한다.

흔히 사회복지라는 단어를 접하면 봉사, 희생, 헌신이라는 용어를 제일 많이 떠올린다. 그리고 노인, 장애인, 사회적 약자라는 단어를 연관시킨다. 사회복지가 노인과 장애인 등 사회적 약자를 위한 봉사와 희생을 의미하는 것으로 우리 머릿속에 자리 잡고 있기 때문이다. 하지만 이는 사회복지를 매우 협소하게 이해하고 있는 것이다. 물론 자원봉사나 사회적 약자에 대한 헌신이 역사적으로 볼 때, 사회복지의 출발이라는 점에서 이러한 인식이 잘못된 것은 아니다. 그러나 자본주의 사회를 살아가면서 끊임없이 노동시장에서 노동력을 판매하고 그 대가로 소비를 해야 하는 우리에게 사회적 위험은 누구에게나 닥칠 수 있는 것이며, 그러한 점에서 사회복지는 상당히 다양한 차원과 연관된 복합적인 의미를 내포하고 있다.

제2장 · 인간의 욕구와 사회복지의 목적

❖

인간이 살아가면서 행복을 추구하는 것은 하나의 헌법적인 권리이자 국가와 사회의 존재 이유이기도 하다. 국가와 사회는 개인의 행복을 보장해 주기 위해 존재하는 시스템이다. 행복과 관련하여 이 장에서는 '욕구'라는 개념을 살펴보고, 욕구와 사회복지는 어떠한 관계가 있는지 알아보고자 한다.

우리가 속한 공동체의 행복 수준을 향상시키기 위하여 사회복지가 존재하는 것이라고 하였는데, '사회복지는 사회와 사회 구성원들의 삶에 어떠한 영향을 미칠까?'라는 질문에 답하기 위해서는 먼저 '욕구'라는 것을 이해할 필요가 있다. 욕구의 개념을 설명하기 앞서 몇 가지 사례를 살펴보자.

> 초등학교 5학년인 김○○ 어린이는 알코올 중독에 걸린 아버지로부터 지속적인 폭행을 당하고 있으며, 그로 인해 학교를 종종 결석하기도 하고, 학교에 오는 날도 몸에 상처나 멍이 있는 상태로 등교하는 날이 많다. 김○○ 군의 어머니는

남편의 폭행과 경제적 어려움을 견디다 못해 몇 년 전에 가출을 해 현재 연락이 끊긴 상태다.

중학교 2학년인 최○○ 군은 외아들로, 식당을 운영하는 부모님과 함께 살고 있으나, 식당일이 바빠 항상 밤늦게 들어오는 부모님과 대화할 시간이 거의 없다. 혼자 지내는 시간이 많아 컴퓨터 게임 중독에 빠졌으며, 게임 중독으로 인해 학업을 거의 포기하고 폐인처럼 살아가고 있다.

이○○ 할머니는 10년 전에 중풍에 걸린 남편을 혼자서 수발하며 생활하고 있다. 아들과 딸이 있으나 아들은 사업 실패로 수년 전 연락이 끊겼으며, 딸은 결혼을 해 살고 있으나 형편이 넉넉지 못해 가끔씩 전화를 걸어 안부만 물어보는 정도이다. 아들 사업에 보증을 섰다가 가지고 있던 집 한 채마저도 경매로 넘어가 현재는 월세 ○○만 원의 집에 살고 있다. 할아버지 병원비와 약값, 생활비를 부담하기에 버겁다.

박○○ 할아버지는 아내 장○○ 씨가 치매에 걸린 15년 전부터 아내를 돌보면서 생활하고 있었다. 자녀들도 있으나 경제적으로 도움을 받지 못해, 할아버지가 직접 할머니를 돌보며 생활하였다. 최근 들어 할아버지는 당뇨병이 심해져 건강이 악화되었으며, 할머니 수발로 인한 스트레스로 우울증 증세를 보였다. 이러한 상황을 참지 못한 할아버지는 할머니를 살해하고, 본인도 자살을 시도하였으나 실패하여 현재 경찰 조사를 받고 있다.

위의 사례들은 모두 가상으로 구성한 것이지만, 실제 우리 주변에서 유사한 경우를 찾는 것은 어렵지 않다. 최근 신문이나 방송을 보면 이런 일들이 심심치 않게 보도되고 있다. 특히 어린이에 대한 학대와 방임, 청소년의 게임 중독, 왕따 등 학교폭력으로 인한 자살, 치매·중풍 등 만성질환 노인의 돌봄에 지쳐 배우자를 살해하는 사건 등 다양한 일들을 접하게 된다.

1. 문제 상황과 개인의 욕구

1) 개인들의 문제 상황

위의 사례들에서 각 상황을 살펴보면 개인들은 다양한 문제를 갖고 있다. 첫 번째 사례에서 아동은 아버지의 학대와 폭력, 방임으로 인한 신체적 문제를 갖고 있으며, 부모로부터 적절한 애정과 훈육을 받지 못해 정서적·심리적 문제를 갖게 될 가능성이 높다. 세 번째 사례에서는 노인 부부의 경제적 문제, 중풍에 걸린 할아버지 수발로 인한 스트레스 등 할머니의 심리적 문제 및 그로 인한 자녀와 노인 부부 간의 관계 악화 등 다양한 문제가 있다.

이와 같이 개인들은 경제적 문제, 심리적 문제, 가족 간의 관계 문제 등 여러 문제가 복잡하게 얽힌 상황에 처하게 되는데, 이를

'문제 상황'이라고 한다. 문제 상황에 처한 개인들은 일반적으로 현재의 문제를 해결하고 보다 나은 상황으로 변화하고자 하는 의지를 갖고 있다. 그러나 문제 상황이 개인의 의지와 노력으로 해결하기 어려운 사회구조적인 문제와 연관되어 있다면 문제 상황의 해결은 더욱 복잡해진다.

개인의 의지와 노력만으로 해결하기 어려운 상황에 처한 개인이 현재의 상태에서 벗어나기 위해서는 문제의 원인에 대한 파악과 그에 따른 적절한 사회적 지원과 도움이 필요하다. 위의 문제 상황들을 보면 경제적인 측면, 심리적인 측면, 관계의 측면에서 개인들은 사회적 자원이나 지지가 결핍 혹은 부족하여 어려움을 겪고 있다. 사회복지는 바로 이러한 개인들의 삶에 있어서 문제 상황을 해결할 수 있도록 도움을 제공하는 것에 초점을 두고 있다.

2) 욕구의 개념과 분류

사회복지에서 개인의 문제 상황에 대해 도움을 주기 위해 관심을 두고 있는 것은 바로 욕구(need)이다. 심리적 측면에서 욕구는 인간의 행동을 설명하는 중요한 동기 요인이다. 욕구의 충족 정도에 따라 삶의 질이 좌우된다는 점에서, 개인의 삶의 질에 관심을 갖는 사회복지에서 욕구에 대한 관심은 당연하다고 할 수 있다. 문제 상황에 놓인 개인들은 해결되어야 할 일정한 욕구를 갖게 된다. 사회복지학에서 욕구는 "인간이 도달하고자 하는 상태와 인간이 처한 현재 상태의 차이로서, 인간의 생존, 자립, 안녕 상태를 위협하는 기회, 조건과 자원의 결핍이나 부족 상태"로 정의할 수 있다.[7] 문제 상황의 해결은 결핍되거나 부족한 욕구를 해결하는 것을 의미한다. 사회복지에서 욕구는 욕망이나 필요와 같은 경제적 측면에서의 의미보다는 가치적인 측면에서의 인간의 생존과 안녕, 자립에 요구되는 것들을 의미한다. 앞서 행복을 개인이 도달하고자 하는 상태의 달성이라고 설명한 바 있다. 현재 상태와 바라는 상태의 차이가 행복의 수준을 결정하며, 현재 상태와 바라는 상태의 차이가 클수록 욕구의 실현은 좌절되고 행복의 수준은 저하된다.

인간의 욕구는 개인에 따라 차이가 있지만 누구에게나 공통적인 욕구도 있다. 인간의 행위 동기로서 인간의 욕구를 연구해 온 심리학에서는 인간의 다양한 욕구를 공통적인 속성으로 구분하여 분류하는 작업들을 진행해 왔다. 욕구의 분류에 대한 다양한 가설과 설명들이 제시되고 있는데, 이 책에서는 대표적인 욕구 분류 가설인 매슬로우(Maslow)의 욕구위계설(욕구단계설)을 살펴보고자 한다.

매슬로우(Maslow)는 인간의 욕구를 크게 다섯 단계로 구분하고, 낮은 단계에서의 욕구로부터 시작하여 욕구가 일정 부분 충족되면 다음 단계로 이행하면서 점차로 높은 단계의 욕구로 이행한다는 가설을 제시하였다. 첫째, 가장 저차원의 욕구이자 인간의 가장 기초적인 욕구는 생리적 욕구(physiological need)이다. 생물학적 존재로서 인간은 생리적 현상(호흡, 음식 섭취, 물, 수면 등)이 일

---

7 권중돈 외(2011), 앞의 책, p. 22.

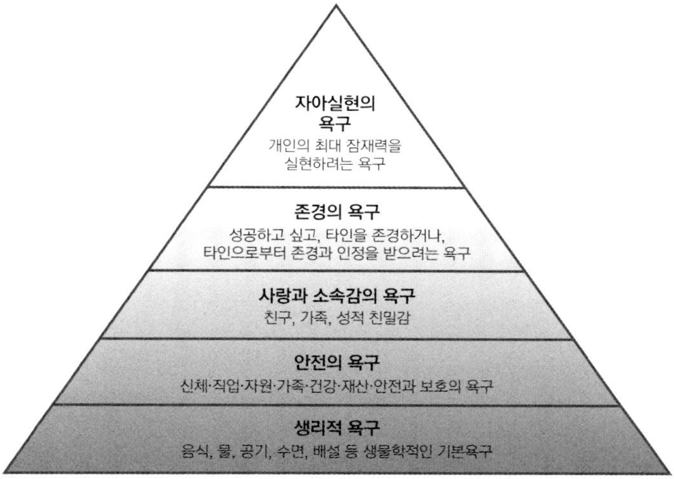

〈그림 2-1〉 매슬로우의 욕구위계설
출처: Maslow(1970)[8]

차적으로 해결되어야 한다. 둘째, 생리적 욕구가 해결되면 두 번째 차원인 안전의 욕구(safety need)가 해결되길 원한다. 신체의 안전 및 건강, 가족의 안전, 재산의 안전 등 자신과 가족을 외부 위협으로부터 안전하게 보호하고자 하는 욕구가 안전의 욕구이다. 셋째, 사랑(애정)과 소속감의 욕구(love and belonging)이다. 가족 간의 관계, 친구나 이성과의 관계를 통해서 자신이 사랑받고 있고 특정 집단에 소속되어 있다는 소속감을 느끼고 싶어 한다. 생명체를 유지하기 위해 필요한 생리적 욕구와 안전의 욕구가 충족되면 보다 고차원적인 소속감을 느끼면서 사랑받고 싶은 욕구가 생긴

8 Maslow, A.(1970), *Motivation and Personality*, New York: Harper & Row.

다는 것이다. 넷째, 존경의 욕구(respect)이다. 기본적인 사회적 관계가 형성되고 나면 개인은 타인으로부터 존경을 받고 싶고 성공을 통해서 자아존중감을 높이고 싶은 욕구들이 형성된다. 그리고 마지막 단계에서는 타인을 위한 희생과 봉사정신의 발휘, 높은 도덕성 구현 등과 같은 자아실현(self-actualization)의 욕구를 추구하게 된다.

그렇다면 사회복지는 매슬로우의 욕구위계설의 욕구 중 어떠한 욕구를 해결하는 것일까?[9] 또 우리 사회는 지금 매슬로우의 욕구위계설에서 어떠한 욕구 수준에 사회복지의 초점을 맞추고 있는 것일까?

3) 문제 상황과 욕구 해결

문제 상황은 개인의 욕구가 충족되지 않음으로 인해 어려움을 겪는 상황이다. 문제 상황에 처한 개인들의 욕구 해결 방법은 무엇이 있을까? 크게 두 가지 방법을 제시할 수 있다. 우선 개인의 능력으로 욕구를 스스로 해결하는 방법이다. 개인 혹은 가족의 자원과 지지로 욕구를 해결할 수 있다면(자본주의 사회에서 자신의 능력으로 자립적인 생활이 가능하다면) 아무런 문제가 되지 않을 것이다.

혹은 욕구 수준을 낮추거나 더 나아가 포기하는 것도 하나의 방법이 될 수 있다. 하지만 문제 상황에서 해결되어야 할 욕구가

---

9 매슬로우는 심리학자로서, 자신의 욕구위계설을 사회복지와 연관시켜 설명하지는 않았다.

인간으로서 최소한의 존엄성을 유지하기 위해 필요한 욕구라면 욕구 자체를 낮추거나 더 나아가 욕구를 포기하는 것은 개인의 문제가 아닌 사회문제가 된다. 예를 들어 가정 형편상 끼니를 제대로 해결하지 못하는 아동이 있다면, 혹은 빈곤 상황에서 더 이상 삶의 개선 및 지속에 대한 희망이 사라져 삶에 대한 기본적인 욕구를 포기하는 사람들이 많아진다면(자살 등) 이것은 단순히 개인의 문제가 아니라 사회문제라고 보아야 한다.

그렇다면 우리는 이런 개인들을 위해 무엇을 할 것인가에 대해 관심을 가져야 한다. 개인의 능력만으로 해결하기 어렵다면 그들을 돕기 위해 사회체계를 활용하는 것을 고민해야 한다. 사회체계는 개인과 가족이 사회적 관계 속에서 살아가는 데 있어서 개인에게 영향을 미치는 학교 및 직장 등의 집단, 지역사회, 국가 등을 의미한다. 사회복지에서 관심을 갖는 대표적인 사회체계는 지역사회와 국가이다. 사회복지는 개인을 둘러싼 가장 큰 공동체이자 사회체계인 지역사회와 국가를 활용해, 욕구를 충족하지 못해 어려움을 겪고 있는 개인을 지원하는 방법을 모색하는 것이다.

4) 기본적 욕구와 사회적 욕구

인간의 욕구를 위계성이나 순차성으로 설명할 수도 있지만 인간의 욕구를 해결하기 위한 사회적 체계나 방법을 모색하기 위해서 욕구를 기본적 욕구와 사회적 욕구로 구분하여 설명하기도 한다. 인간이라면 모두에게 공통적으로 해당되는 가장 기초적인 욕구를 기본적 욕구라고 하는데, 이러한 기본적 욕구가 충족되지 않는다면 인간의 존엄성 유지라는 문제는 해결되기 어렵다. 대부분의 경우 기본적 욕구는 일차적으로 개인이나 가족의 노력으로 해결한다. 하지만 개인이나 가족의 노력과 자원만으로 해결되지 못하거나 부족하다면, 그리고 그러한 계층이나 집단이 다수라면 앞서 설명하였듯이 사회체계의 지원이 필요하다. 이와 같이 개인이나 가족의 노력만으로 욕구를 충족시키지 못하는 구성원이 다수이고, 또한 이들의 욕구 미충족 상황이 사회적으로 의미를 갖는 경우 이를 사회적 욕구라고 본다. 사회적으로 의미를 갖는다는 것은 문제의 원인이나 해결 방안이 개인 차원의 것으로 국한되지 않는다는 의미이다.

사회적 욕구는 다수의 사회 구성원들이 해당되고 사회적으로 인정되는 욕구로서, 기본적 욕구로서의 특성을 갖고 있으면서 기본적 욕구가 충족되지 못하는 상황을 사회적으로 해결해야 할 필요성을 갖게 되는 경우를 의미한다. 따라서 사회적 욕구는 고정불변의 것이 아니라 시대와 사회적 조건·여건에 따라 내용이 달라질 수 있다. 예를 들어, 우리 사회에서 불과 20~30년 전에는 가족 간의 관계 문제, 개인의 심리적 문제 등은 지극히 개인적 차원의 문제이지 사회적 욕구로서의 의미를 갖지 못했다. 하지만 경제가 성장하고 사회가 발전하면서 심리적인 문제도 사회적 욕구로서의 의미를 갖게 되었고 정신건강서비스와 같은 사회복지서비스가 제공되고 있는 것은 사회적 욕구의 사회성을 보여 주는 것이다.

2. 사회복지와 욕구의 해결

1) 집합적 노력

앞서 사회복지는 욕구의 해결을 위한 사회적인 방법에 대해서 고민하는 것이라고 설명하였다. 사회복지는 욕구가 충족되지 않는 상황의 발생 원인, 욕구의 충족 방안에 대해 관심을 갖는다. 그래서 사회복지학을 욕구학(needology)이라고도 한다.

여기서 '사회적'이라는 표현은 상당히 중요한 의미를 갖는다. 우선 욕구 해결에 있어서 개인적인 차원이 아닌 사회 구성원 모두의 노력을 통한 '집합적인(collective)' 해결을 강조하는 의미를 갖는다. 각자 개인의 노력과 자원만으로 해결 가능하다면 사회복지는 필요하지 않거나 욕구의 해결은 지극히 개인적인 문제라고 할 수 있다.

또한 '사회적'이라는 의미에는 '경제적인(economical) 혹은 시장적인 방식과 다른(non-market) 방식'으로 해결한다는 의미가 내포되어 있다. 즉, 자본주의 시장에서의 욕구 해결 방식이 우리 삶의 주된 욕구 충족 방식인데, 이러한 방식으로 욕구를 해결하지 못하는 집단이나 계층을 도와주기 위한 것이 사회복지라는 점에서 경제적인 방식과는 구분되는 것에 관심을 갖는다.

2) 욕구의 최저선

욕구의 미충족으로 어려움을 겪는 개인들을 도와주기 위해서 혹은 욕구를 해결해 주기 위해서는 일정한 기준선이 필요하다.

다시 말해서 최소한의 인간다운 삶을 보장하기 위해 필요한 욕구의 수준에 대해 사회적인 합의가 필요하다. 무한정의 도움이나 과도한 수준의 도움은 사회적으로 바람직하지도 않고, 가능하지도 않다. 그런 점에서 일정한 기준선이 필요한데, 이를 사회 최저선(social minimum) 혹은 국민 최저선(national minimum)이라고 한다.

사회 최저선은 기본적 욕구가 충족되지 않으면 최소한의 인간다운 생활에 어려움을 겪게 된다고 여기는, 사회적으로 인정되는 욕구의 최저 수준이다. 대표적인 예가 최저임금제도나 최저생계비이다. 중학교까지의 의무교육도 교육의 최저 수준을 설정한다는 점에서 교육서비스에 대한 국민 최저선이라고 할 수 있다.

그런데 사회적 욕구라고 해서 모두 사회복지의 대상이 되는 것은 아니다. 즉 모든 사회적 욕구가 사회적 개입의 대상이 될 수는 없다. 사회적 욕구 혹은 아래에서 설명할 사회문제를 해결하려면 사회적 자원이 필요한데, 사회적 자원은 욕구나 수요에 비해 항상 희소하기 때문이다. 우리 사회에서 벌어지는 복지 논쟁에서 특히 보편주의와 선별주의 논쟁은 자원의 희소성과 밀접히 관련되어 있다.

해결해야 할 사회적 욕구가 많지만 일정한 자원의 제약으로 인해 모든 사회적 욕구를 해결할 수 없다면 가능한 방법은 무엇이 있을까? 첫 번째 방법은 욕구 중에서도 우선 순위를 정해 긴급한 욕구부터 해결하는 것을 생각해 볼 수 있다. 여기서 우리가 앞에서 본 Maslow의 욕구위계설은 욕구의 우선순위를 정하는 데 있어 판단기준이 될 수 있다. 욕구위계설에 근거한다면 생리적 욕구, 안전의 욕구에 자원을 우선적으로 투입하게 될 것이다. 다음으로 가능한 방법은 각 욕구의 최저선을 정해서 최저선에 달하지 못하는 경우에만 지원하는 방법을 생각해 볼 수 있다. 두 가지 방법은 현실에서 사회복지 대상자를 선정하고 지원의 수준을 결정하는 데 활용된다. 여기에서 욕구의 최저선의 선정과 제도적인 적용이 사회복지제도에 있어서 중요함을 알 수 있다.

3) 사회문제의 개념

사회적 욕구가 충족되지 못하면 기본적 욕구의 최저선을 충족시키지 못하는 집단이나 계층이 많아지므로 사회문제가 된다. 사회문제는 사회적 차원에서는 사회 통합과 발전에 장애가 되고 사회 불안정 요인이 되며, 개인적 차원에서는 욕구 미충족으로 인해 개인이 고통을 당하고 불안정한 삶을 살게 만드는 요인이다. 개인의 욕구가 충족되지 않는 상황은 단순히 한 개인의 문제로 끝나는 것이 아니다. 개인의 욕구가 충족되지 않는 상황이 지속된다면, 즉 많은 사람들이 욕구 미충족으로 인해 어려움을 겪는다면 이것은 사회적으로 해결할 필요가 있다. 이와 같은 문제를 우리는 사회문제라고 한다.

충족되지 않은 욕구가 모두 사회문제가 되는 것은 아니다. 사회문제는 일정한 요건을 필요로 한다. 첫째, 충분히 많은 사람들이 혹은 사회의 지배적 권위나 권력을 가진 집단이 충족되지 않은 욕구로 인해 발생하는 현상들을 문제라고 인식해야 한다. 둘째, 발생하고 있는 현상이 그 사회의 지배적인 규범에 비추어 볼 때 바람직하지 않은 것이어야 한다. 셋째, 그 사회가 현재 발생하고 있는 현상을 해결할 수 있는 기술적·정치적 방안을 갖추고 있어야 한다. 넷째, 개인이 아닌 집합적인 차원에서 문제를 해결하려는 노력이 필요하다. 위의 네 가지 조건을 모두 충족하는 경우에만 사회문제라고 할 수 있는 것은 아니지만 대체로 위의 조건들을 충족하는 경우에 사회문제라고 한다.

경우에 따라 특정 집단의 욕구와 관련된 것은 사회문제로 인식되지 못하기도 하고, 사회적으로 해결이 가능한 것이 아니라면 사회문제로 받아들여지지 않는다. 사회문제가 되지 못한다는 것은 지극히 개인적인 문제이거나 사회적으로 해결하는 것이 바람직하지도, 가능하지도 않다는 의미이다. 예를 들어 현재의 기술 수준이나 소득 수준에서 달나라 여행을 희망하는 사람들이 집단을 만들어 달나라 여행을 보내 달라는 요구를 한다면 그것을 사회문제라고 할 수 있을까? 달나라 여행이라는 욕구가 충족되지 못하였으나 이를 사회문제라고 하지는 않는다.

위의 예와 달리 사회적 욕구의 문제가 단순한 개인적·집단적 취향이나 선호의 문제가 아니라 사회적인 맥락에서 발생하는 것이라면 사회문제에 대한 판단은 더욱 복잡해진다. 개인의 능력과 노력의 문제가 아니라 사회제도나 사회구조의 결함과 실패에서 사회적 욕구 문제가 발생한 것이라면 사회문제로 인정할 가능성이 높다.

예를 들어, 많은 사람이 열심히 공부하거나 혹은 직업교육을 성실히 받아도 취업할 곳이 없어 실업이나 실직 상태에 있는데 이것을 개인적 문제로만 보고 사회적 해결 방안을 모색하지 않는다면 그 사회는 더욱 어려운 사회문제에 봉착하게 될 것이다. 또한 열심히 근로하지만 근로의 대가인 임금(wage) 수준이 월세, 공과금, 교통비, 최소한의 식비를 근근이 해결할 수 있는 수준이라면 혹은 그마저도 안 된다면 그것을 개인의 노동시장 선택의 결과로만 보기 어렵다. 지금 예로 든 문제들은 자본주의 경제구조의 문제(경제의 침체 및 저성장)이거나 노동시장 내에서의 분배의 문제(임금 수준 및 임금체계)와 밀접하게 관련되어 있다는 점에서 개인의 힘으로 해결하도록 맡겨 둘 수 없다. 즉 사회적인 차원에서 대응해야 할 사회문제이다. 사회복지는 바로 이러한 사회문제의 해결에 관심을 갖고 집합적인 대응을 통해서 해결책을 찾는 것이다.

4) 사회문제의 해결

사회적 욕구가 충족되지 않아서 최소한의 인간다운 삶을 유지하기 어렵거나 자신의 삶을 스스로 선택하거나 결정할 수 있는 기회를 제약당하는 사람들이 많아지고, 이러한 상황들이 사회적인 영향력을 갖게 됨에 따라 사회적 차원에서 이 문제를 해결하기 위한 노력들을 모색하기로 한다면 이는 사회문제가 된다.

우리가 개인적으로 어떠한 문제에 봉착하였다면 문제의 원인을 찾아서 그것을 해결하려고 할 것이다. 사회도 마찬가지이다. 사회문제를 해결하기 위해서는 사회문제가 발생한 원인을 찾는 작업이 선행되어야 한다. 사회문제의 발생 원인이 개인적 차원의 것인지, 사회적 차원의 것인지를 파악해 대응 방안을 찾아야 한다.

앞서 제1장에서 자본주의 경제체제 하에 살아가는 개인들의 삶의 방식에서, 그리고 본 장의 서두에서 언급한 개인들의 문제 상황에서 나타나듯이 개인이 겪는 문제는 개인적 차원의 문제와 사회적 차원의 문제가 혼재되어 있는 것이 일반적이다. 그러나 문제의 원인을 무엇으로 보느냐에 따라서 해결 방안은 달라진다. 최근 심각한 사회문제로 인식되고 있는 청년실업의 원인을 높은 기대 임금 수준이나 사회적 기대치로 인해 공기업이나 대기업을 선호하는 청년 개인들의 선택의 결과로 볼 것인지, 아니면 경제발전 과정에서 불균형 성장의 결과로 인한 공기업 및 대기업과 중소기업 간의 임금 격차 때문에 중소기업을 기피하는 것으로 볼 것인지에 따라 사회적 대응은 달라진다.

사회문제의 원인이 개인적 차원에서 개인의 능력과 개인의 사회적 기능에 있다면 개인의 능력을 향상시키고 사회적 기능을 제고하는 것에 초점을 두게 된다. 반면, 사회구조나 사회제도의 결함과 실패로 인해 발생한 것이라면 사회구조 및 사회제도의 개선에 초점을 두는 대응이 필요하다.

사회복지는 인간을 '환경 속의 인간(PIE: Person In Environment)'이라는 관점으로 이해한다. 인간은 일차적으로 가족, 친구 등과 같은 사회환경 속에서, 그리고 이차적으로 직장, 학교, 이해집단 속에서, 더 나아가 지역사회와 국가 속에서 다양한 관계를 맺고 살아간다. 인간은 사회적 동물이라는 표현을 달리 말하면 '환경 속의 인간'이라고 할 수 있다. 그리고 환경 속의 인간은 고립되어 살아가는 것이 아니라 원하든 원하지 않든 일정한 '사회적 관계'

를 형성하고 사회적 관계를 통해서 살아간다. 여기서 개인은 사회적 관계를 유지하고 관리하는 기능을 수행하게 되는데 이를 '사회적 기능(social function)'이라고 한다.

문제의 원인을 개인적인 차원의 것과 사회적인 차원의 것으로 구분하였지만 현실적으로 사회문제는 개인적인 요인과 사회적인 요인이 상호 연관되어 있는 경우가 많다. 따라서 개념적으로 구분하여 설명하였지만 두 가지 측면을 모두 고려한 해결책을 모색해야 한다.

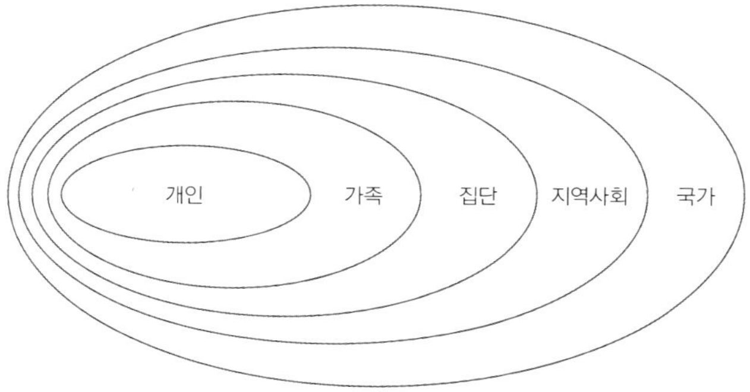

〈그림 2-2〉 인간을 둘러싼 사회환경

5) 사회문제와 사회복지

인간의 욕구로부터 출발하는 사회복지는 욕구가 충족되지 않거나 결핍되어 어려움을 겪게 되는 사회문제를 사회적인 차원에서 개선하려는 활동과 노력이다. 사회문제는 개인과 사회환경 두 측면이 모두 관련되어 있으므로 욕구를 해결하려는 사회복지는 개인과 사회환경에 대해 동시에 고려해야 한다.

그리고 더 나은 사회복지라고 한다면 사회문제가 발생한 경우에 이를 해결하는 데서 한 걸음 더 나아가 사회문제를 예방하는 활동을 할 필요가 있다. 비유하자면 감기에 걸린 후 감기약을 먹는 것보다는 감기에 걸리지 않도록 신체 면역력을 높이는 운동과 영양 섭취를 통해 감기를 예방하는 것이 더 나은 선택인 것과 같다.

사회문제를 해결하려면 경우에 따라서 막대한 비용이 들며, 일정 부분에 있어서는 문제의 원인을 해결하기보다는 결과를 일부 수정하거나 시정하는 임시방편적인 대응이 일반적이다. 이러한 대증요법적인 사회문제의 대응책은 오히려 불필요한 사회적 갈등을 초래하거나 사회적 비용의 손실만을 가져온다. 따라서 우리가 당면하게 되는 사회문제의 해결을 위해서 어떠한 대응이 장기적인 차원에서 효율적이고 효과적인지에 대한 면밀한 검토와 합의가 필요하다.

3. 사회복지의 목적

지금까지 사회복지의 기능 혹은 역할에 대해서 살펴보았다. 다음으로 사회복지의 활동을 통해서 달성하려는 사회복지의 목적에 대해서 알아보자. 사회복지의 의미와 기능, 목적을 이론적인 차원에서 구분하여 설명하지만, 이들은 서로 밀접하게 연관되어 있는 개념이다.

1) 인간존엄성 보장

인간은 수단화될 수 없는 가치를 가진 존재로, 그 자체로서 존중되어야 한다. 사회복지뿐만 아니라 모든 사회제도는 인간의 존엄성을 보장하기 위해 존재한다. 특히 사회복지는 모든 인간의 인격을 있는 그대로 인정하고 존중하는 것에 기본 정신을 두고 있다.

헌법 제34조 제1항에는 "모든 사람은 인간다운 생활을 할 권리를 가진다."라고 규정되어 있다. 인간다운 생활이 무엇인지에 대해서는 논란이 있지만 인간으로서 최소한의 존엄성을 보장하기 위해서는 다양한 권리들을 보장해야 한다. 사회복지는 인간으로서의 생존권적 기본권을 보장하는 사회제도라는 측면에서 인간의 존엄성을 보장하는 데 기여한다.

2) 개인의 자립과 성장 지원

사회복지는 개인의 능력과 역량을 발전시켜 독립적인 생활을 유지할 수 있도록 지원하는 활동이다. 흔히 사회복지라고 하면 특정 집단이나 빈곤 계층에 대해 물질적 지원을 하는 것으로 인식하는 경향이 강한데, 사회복지의 궁극적 목적은 개인의 사회적 기능 향상을 통해 개인이 자신의 삶을 자주적으로 선택하고 독립적인 생활을 영위하도록 하는 데 도움을 주는 것이지 도움 자체가 목적은 아니다. 개인들의 사회적 기능 향상을 위해서 부족한 자원·기회·서비스를 제공함으로써 그들의 자립과 성장·발달을 도모하는 것이 사회복지의 목적이다.

3) 사회통합과 사회적 연대의 확대

우리 사회에서 사회복지와 관련된 이슈들은 정치적 대척점의 문제로 여겨지고, 사회적 갈등의 사례로 종종 등장하곤 한다. 사회복지 이슈들은 결국 정치적으로 해결되어야 한다는 점에서 정치적 논쟁을 피할 수는 없지만, 사회적 타협과 합의를 위한 정치적 논쟁의 대상이 아닌 정치적 세력 간의 진영 논리를 강화하거나 상대방을 공격하기 위한 수단이 되어 온 경향이 있다.

사회복지는 사회 구성원들의 자립·성장·발달을 지원함으로써 사회 전체적인 측면에서 사회의 통합과 안정에도 기여한다. 사회문제의 확대는 사회의 불안과 혼란을 초래한다. 사회 구성원들이 미래에 대한 불확실성으로 인해, 사회적 위험에 노출됨으로 인해 불안정한 삶을 살고 있다면 그 사회의 안정성과 통합성은 저하될 것이다. 사회문제의 해결에 관심을 갖는 사회복지는 사회문제의 완화 혹은 예방을 통해서 사회의 안정과 통합을 도모한다.

사회통합을 이루기 위해서는 여러 조건이 요구된다. 그중 하나로 사회적 연대(social solidarity)가 필요한데, 사회적 연대는 사회적 관계의 일종으로 한 사회나 집단에서 보이는 통합 또는 통합의 종류, 정도를 의미한다(『Collins 사회학 사전』). 일반적으로 통합의 정도를 강조하는 용어로서 사회적 연대를 언급하는 경향이 있다.

사회복지의 목적 중 하나가 사회통합인데, 사회통합을 위해서는 사회적 연대가 요구된다. 이런 맥락에서 보면 사회복지와 사회적 연대는 밀접한 관련성이 있다. 『Collins 사회학 사전(Collins Dictionary of Sociology)』에 따르면, 사회적 연대는 이해관계가 서로 다른 계층 간의 타협을 위한 관계를 의미한다. 사회복지가 추구하는 사회의 통합과 안정을 위해서는 이해관계가 서로 다른 계층과 집단 간의 선호를 조정하는 작업이 필수적이다. 사회복지는 앞서 언급하였듯이 '집합적인' 해결을 활용한다는 점에서 이해관계가 서로 다른 집단 간의 타협과 합의가 중요하다. 따라서 사회복지의 확대와 발전을 위해서는 사회적 연대가 중요한 기초가 된다.

제3장 · 인간발달과 사회복지서비스

인간의 욕구를 충족하는 과정에서 발생하는 여러 가지 문제를 해결하기 위한 활동이 사회복지이다. 욕구의 충족 과정에서 도움을 필요로 하는 사람들에게 도움을 주기 위해서는 전문적이고 체계적인 지식이 필요하다. 단순히 일회성 도움을 주는 것을 사회복지 활동이라고 하기는 어렵다. 욕구 결핍으로 어려움을 겪는 개인을 돕기 위해서는 전문적·체계적 지식을 바탕으로 도움의 대상이 되는 인간에 대한 이해가 필요하다.

인간을 이해하는 방법은 미시적 측면에서 인간의 행동을 이해하는 방법과 거시적 측면에서 인간을 둘러싸고 있는 사회환경과의 관계를 통해서 이해하는 방법이 있다. 그중에서도 제3장은 바로 '인간'에 대한 이해에 초점을 두고 있다. 인간에 대한 이해는 다양한 방식으로 접근할 수 있으나 사회복지에서는 '인간발달'에 주목한다.

1. 인간발달

1) 인간발달의 개념

인간발달(human development)은 출생부터 사망까지 인간의 전 생애에 걸쳐 발생하는 변화를 의미한다. 인간은 일생을 통해 연속적으로 변화하는데, 출생 이후 일정 시점까지는 상승적인 변화가, 일정 시점부터는 퇴행적인 변화가 주로 발생한다. 따라서 인간발달은 반드시 상승적인 의미의 변화만을 의미하는 것이 아니며 퇴행적인 의미의 변화도 포함한다.

사회복지에서는 이러한 인간발달을 세 가지 측면으로 구분해서 살펴본다. 인간은 생리적인 욕구의 충족이 필수적인 존재라는 점에서 신체적 변화가 중요하며, 인간의 행동이나 사고가 개인의 인지와 정서에 의해 결정된다는 점에서 심리적 변화도 중요하다. 그리고 인간은 타인과 관계를 맺고 살아가는 사회적 존재라는 점에서 사회적 변화 또한 중요한 의미를 가진다. 이런 측면에서 인간발달을 신체적 변화, 심리적 변화, 사회적 변화로 구분하여 살펴보는 것은 인간의 욕구를 이해하는 데 도움이 된다. 어떤 욕구가 충족되지 않은 개인이 있다고 할 때, 그를 돕기 위해서는 신체적·심리적·사회적 측면에서 그 개인의 결핍된 욕구가 무엇인지를 판단하는 과정이 필요하다. 따라서 사회복지라는 것은 인간의 생애주기에 따른 신체적·심리적·사회적 변화가 무엇인지에 대한 이해를 바탕으로 부족하거나 결핍된 변화과정에 전문적 도움을 주는 것이라고 할 수 있다.

이상의 내용을 정리하면, 인간발달이란 '인간의 출생에서부터 사망까지 전 생애에 걸쳐서 신체적·심리적·사회적 측면에서 발생하는 연속적·상승적 또는 퇴행적 변화과정'을 의미한다. 인간은 태어나면서부터 여러 가지 변화를 경험하게 되며, 그러한 변화과정에서 충족되어야 할 욕구가 있다. 그러한 욕구를 신체적·심리적·사회적 측면에서 어떻게 충족시키는 것이 인간발달에 도움이 되는지를 고민하는 것이 중요하다.

2) 발달단계와 발달과업

발달은 시간에 따른 인간의 변화를 의미하는데, 일정한 시기에 따라 성장, 성숙, 퇴행과 같은 특징적인 발달현상을 보인다. 발달단계는 인간의 특징적인 발달양상을 근거로 하여 시간에 따른 변화과정을 단계별로 구분한 것이다.

발달이론에서 일반적으로 구분하는 발달단계는 영아기(0~2세), 유아기(3~6세), 아동기(7~12세), 청소년기(13~18세), 성인기(19~39세), 중·장년기(40~64세), 노년기(65세 이상)이다. 인간은 각 단계별로 공통적인 발달특성을 보이게 된다. 예를 들면, 청소년기에는 신체적·심리적·사회적 측면에서 큰 변화가 발생하면서 사춘기라는 질풍노도의 시기를 겪게 된다. 물론 위의 연령 구분은 평균적인 것으로, 개인에 따라 차이가 있다. 예컨대, 사춘기라는 특징을 보이는 시기도 성별이나 개인의 특성에 따라 차이가 있을 수 있다. 일반적인 발달과정보다 뒤처지는 것을 발달지체라 하고, 개인의 유전적·생리적 특성으로 인해 발달에 문제가 생기는 것을 발달장애라고 한다.

그렇다면 각 발달단계에서 공통적으로 나타나는 변화 양상이 특정 개인에게 나타나지 않는다면 욕구의 충족이 제대로 이루어진 것이라고 할 수 없다. 발달과업(development task)은 각 연령대에 이루어져야 할 주요한 변화, 각 단계에서 충족되어야 할 욕구를 의미한다. 예를 들어 영·유아기의 아기는 일정 시점에서 걸음마를 통해 보행이라는 신체적 변화가 이루어져야 한다. 따라서 영·유아기의 주요한 신체적 발달과업은 보행이다. 또한 이 시기에는 옹알이를 통해서 말을 따라 하려는 행동을 하다가 일정 시점에서 간단한 단어를 나열할 수 있는 언어 습득과 같은 심리적 발달과업이 이루어져야 한다. 이와 같이 각 발달단계에서 충족되어야 할 변화를 발달과업이라고 한다.

[표 3-1] 발달단계별 발달과업

발달단계	발달과업
영·유아기	보행 학습, 음식 섭취, 언어 학습, 배설 통제 학습, 성차 인식, 생리적 안정 유지, 환경에 대한 단순개념 형성
아동기	놀이에 필요한 신체기술, 또래친구 사귀는 법 학습, 기본 학습기술의 습득, 일상생활에 필요한 개념 학습
청소년기	자신의 신체 및 성 역할 수용, 부모로부터의 정서적 독립, 경제적 독립의 필요성 인식, 직업 선택 및 준비
성인기	배우자 선택, 배우자와의 생활방법 학습, 가정 형성, 자녀 양육과 가정 관리, 시민으로서의 임무 완수
중·장년기	사회적 의무의 완수, 경제적 표준생활 확립과 유지, 10대 자녀의 훈육과 선도, 배우자와의 친밀한 관계 유지
노년기	신체적 건강 쇠퇴에 대한 적응, 은퇴와 수입 감소에 대한 적응, 배우자의 사망에 대한 적응, 생활에 적합한 물리적 환경의 조성

출처: 권중돈·김동배(2006)[10]

10 권중돈·김동배(2006), 『인간행동과 사회환경의 이해』, 학지사, p. 34.

각 발달단계에 따른 발달과업이 존재한다는 것은 각 단계에서 발달과업이 충족되지 못하면 개인에게 문제가 된다는 뜻이다. 그러므로 각 발달과업에 따른 욕구가 충족되지 않는다면 그에 대한 지원과 도움이 필요하다. 이하에서는 발달단계 중에서도 타 시기에 비해 사회적 지원과 도움이 많이 필요한 시기라고 할 수 있는 영·유아기와 노년기에 대해 살펴보고자 한다. 우리 사회에서 벌어지고 있는 복지 논쟁들이 이 시기와 관련되어 있기도 하다.

2. 영·유아기의 발달과업과 사회복지서비스

1) 영아기의 발달과업과 사회복지서비스

영아기는 출생에서부터 2세까지의 시기를 말한다. 이 시기에는 신체적 발달이 급속히 이루어져 독립적 운동능력이 향상되는 변화를 보인다. 심리적 발달 측면에서는 대뇌의 발달, 감각 및 지각의 발달, 인지의 발달이 급격히 이루어진다. 또한 사회적 발달에서는 각 개인이 가진 기질(temperament)이라는 것이 형성되며, 모성인물과의 관계를 통해 사회성 발달의 기초가 형성된다.

그렇다면 영아기의 발달과업을 위해서 필요한 지원은 무엇이 있을까? 우선 신체적 발달 측면에서 보면 각종 질병과 감염병으로부터 영아를 보호하고 건강하게 성장하도록 지원하는 것이 중요하다. 이런 차원에서 우리나라의 경우, '어린이 국가예방접종 지원사업'을 통해 개인의 비용 부담 없이 국가의 지원으로 보건소나 지정 의료기관에서 예방접종을 받을 수 있는 제도를 운영하고 있다. 심리적 발달 측면에서 보면 언어발달과 인지발달이 급격히 이루어지는 시기라는 점에서 언어·인지발달 지체 및 장애에 대한 서비스가 제공된다. 언어·인지발달의 지체나 장애가 있는 영아에게는 인지, 의사소통, 적응행동, 감각 및 운동 기능 향상과 행동발달을 위한 재활서비스를 제공한다.

사회적 발달 측면을 보면, 모성인물과의 관계를 통한 사회성 발달이 중요한 시기인 만큼 모성보호 및 육아지원제도를 시행하고 있다. 육아휴직제도는 만 8세 이하 또는 초등학교 2학년 이하의 자녀를 둔 근로자가 자녀를 양육하기 위해 휴직이 필요한 경우 이를 보장하는 제도로, 근로자의 육아 부담을 해소하고 경제적으로 지원하는 제도이다. 또한 임신 또는 출산 여성에 대해 출산 전·후 휴가제도를 시행하고, 출산한 여성 근로자에게는 근로의무를 면제하고 임금 상실 없이 휴식을 보장하는 제도를 시행하고 있다.

아이를 양육하기 위해서는 상당한 경제적 부담이 따르는 만큼 그로 인해 출산을 포기하는 경우가 많아 사회적 문제가 되고 있다. 이에 보육시설을 이용하지 않고 가정에서 양육하는 만 6세 이하 영·유아(최대 84개월 미만)의 월령에 따라 일정한 금액(10만~20만 원)을 지급하는 '양육수당' 지원제도가 2013년 3월부터 시행되고 있다.

[표 3-2] 양육수당 지원액(2017년 기준)

구분	지원 금액		
	양육수당	농어촌 양육수당	장애아동 양육수당
12개월 미만	월 20만 원	월 20만 원	월 20만 원
24개월 미만	월 15만 원	월 17.7만 원	월 10만 원
36개월 미만	월 10만 원	월 15.6만 원	
48개월 미만	월 10만 원	월 12.9만 원	
48개월 이상 ~ 취학 전	월 10만 원	월 10만 원	

2) 유아기의 발달과업과 사회복지서비스

3~6세의 유아기에는 꾸준한 신체발달과 운동능력 향상이 나타나며, 유아의 신체활동은 수면 시간을 제외하고는 끊임없이 계속된다. 심리적 측면에서는 상징적 사고를 시작하며 모방행동의 특성이 나타난다. 소꿉놀이를 통한 아빠나 엄마의 성 역할 행동이 유아기에 이루어지는 것은 바로 이러한 발달과업과도 관련되어 있다. 또한 자아통제 능력 및 자율성이 상당히 발달하는 만큼 인지능력 향상이 유아기의 발달과업이 된다. 우리 사회에 조기교육 열풍이 부는 것도 바로 유아기의 인지능력이 중요하기 때문이다. 사회적 발달 측면에서 보면 부모나 또래와의 관계에서 사회적 기준을 습득하고 상호작용을 통해서 사회적 관계를 형성하는 사회화가 본격적으로 이루어진다. 따라서 사회성 향상이 이 시기의 주요한 발달과업이다. 앞서 본 영아기의 사회복지서비스는 대부분 유아기 아동에게도 제공된다.

유아기는 신체적·심리적·사회적 발달 측면이 유기적으로 연관되어 있어 한 영역의 발달이 다른 영역의 발달에도 영향을 미친다. 따라서 이 시기는 전인적(全人的)인 발달과업의 성취가 더욱 의미를 갖는 시기라고 할 수 있다. 이러한 발달특성을 고려해서 국가는 표준적인 보육 및 교육과정을 수립하여 유아기 아동을 지원하는 사업을 시행하고 있다. 일명 '누리과정'이 그것이다.

3) 누리과정과 무상보육 논쟁

유아기의 신체적·심리적·사회적 발달이 전인적·통합적으로 이루어져야 한다는 측면에서 국가는 누리과정을 시행하고 있다. 누리과정은 만 3~5세의 어린이가 교육·보육을 평등하게 받을 수 있도록 지원하는 공통의 교육·보육과정을 의미한다. 2012년 5세의 유아를 대상으로 누리과정이 처음 시행되었으며, 2013년에는 3~4세의 유아들에게까지 확대되었다. 신체운동·건강, 의사소통, 사회관계, 예술경험, 자연탐구 등 5개 영역의 교육·보육 프로그램을 통해 유아의 심신 건강과 조화로운 발달을 지원하는 것을 주요 내용으로 하고 있다.

이 시기의 복지서비스는 연령 조건에 맞는 아동이라면 부모의 소득 수준에 관계없이 누구에게나 교육·보육서비스를 제공하는 보편적 복지제도로서, 일명 '무상보육'으로 일컬어진다. 일반적으로 이 연령대의 아동들은 유치원이나 어린이집을 다니게 되는데, 국가가 보육비용(유아학비와 보육료)을 지원해 주는 방식으로 시행되고 있어 무상보육이라고 불리고 있다. 유아가 어린이집을 다니면 보육료를, 유치원을 다니면 유아학비를 연령에 따라 차등 지급한다. 유아를 어린이집이나 유치원에 보내지 않고 부모가 직접 양육하면 앞에서 설명한 양육수당을 지급받게 된다. 유아학비는 월 22만 원(국공립 유치원의 경우는 월 6만 원)을 교육청으로부터, 보육료는 연령에 따라 일정 금액을 보건복지부로부터 지원받는다.

[표 3-3] 보육료 및 유아학비 지원액(2017년 기준)

구분	보육료		유아학비
	종일반	맞춤반	
만 0세	월 43.0만 원	월 34.4만 원	-
만 1세	월 37.8만 원	월 30.2만 원	
만 2세	월 31.3만 원	월 25.0만 원	
만 3~5세	월 22만 원		월 22만 원

출처: 보건복지부 홈페이지

누리과정에 따른 보육료·유아학비를 지원하기 위해서는 상당한 예산이 필요하다. 이에 누리과정은 제도 시작부터 예산 부담 문제를 둘러싸고 중앙부처 간, 중앙정부와 지방정부 간 갈등이 발생하였고 커다란 사회적 논쟁을 가져왔다. 아울러 아동이 이용하는 시설 유형에 따라 관할부처가 달라서 교육의 문제로 볼 것인지, 보육의 문제로 볼 것인지에 따라 정책 혼선이 초래되었다. 보육료는 어린이집과 관련되어 있어 보건복지부 관할 사업이 되고, 유아학비는 유치원과 관련되어 있어 지방교육청 관할 사업이 된다. 무상보육 논쟁은 누리사업 시행을 둘러싼 보건복지부, 교육부, 시·도 교육청 등 다양한 사업주체 간의 예산 부담 문제로

촉발되었다. 특히 어린이집 누리과정의 예산 부담을 둘러싸고 중앙정부와 시·도 교육청 간의 갈등, 지방자치단체와 시·도 교육청 간의 갈등이 혼재되어 복잡한 논쟁 양상을 보였다.

2012년 정부는 누리과정을 중앙정부의 예산으로 시행할 계획이었으나, 실제로는 별도의 국고지원 없이 시·도 교육청이 사용하는 지방교육재정교부금을 누리과정 예산에 충당하도록 하면서 갈등이 시작되었다. 2014년 시·도 교육감 선거 이후 지방교육청이 지방교육재정 부족과 대통령 공약사항을 이유로 들며 중앙정부에 재정 부담을 요구하면서 어린이집 보육료 예산을 편성하지 않았다. 그 결과 어린이집 보육료 지급이 중단되는 '보육대란'이 발생하게 되었고, 이는 교육감들의 정치성향 논쟁으로 비화되면서 중앙정부와 지방교육자치단체 간의 갈등은 더욱 고조되었다.

사회적 혼란이 가중되자 미편성된 어린이집 보육료 예산을 시·도 광역지방자치단체에서 자체 예산으로 집행하였다. 교육부는 누리과정 보육료 예산 지원은 교육감의 의무라는 시행령을 제정하고 누리과정 예산을 미편성하는 교육청에 지방교육재정교부금 삭감을 통보하였다. 누리과정 예산 갈등은 2016년 12월, 3년 시한의 누리과정 예산을 특별회계로 마련하도록 함으로써 일단 봉합되었으나 3년 시한의 특별회계라는 점에서 여전히 현재 진행형이다. 2018년에는 누리과정 비용이 전액 국고로 지원된다.

유아의 보육을 국가가 책임진다는 목표로 시행된 누리과정 지원사업은 예산 확보에 대한 사회적 합의를 거치지 않은 채, 중앙정부의 일방적인 결정하에 시행되면서 사회적인 혼란과 갈등을 초래하였다. 아울러 일부 어린이집의 아동학대 사건과 어린이집 운영자들의 보육료 부정수급 등의 문제까지 겹치면서 어린이집 보육에 대한 부정적 인식이 강화되었다. 또한 2016년 보건복지부가 전업주부에게는 보육료 지원을 제한(종일반 이용을 제한)하기로 하면서 어린이집 이용을 둘러싸고 이용자 자격 논쟁까지 발생하였다.[11] 누리과정 지원사업은 당초 유아들의 건강한 인간발달을 도모하려는 사업의 취지와 멀어지면서 보편적 복지에 대한 부정적 인식까지 확대되는 등 유·무형의 사회적 비용을 치른 대표적 복지사업이다.

3. 노년기의 발달과업과 사회복지서비스

1) 노년기의 발달특성

일반적으로 노인은 역(曆)연령[12]상으로 65세 이상을 의미하며, 인간발달 단계상의 노년기도 65세 이상을 의미한다. 그러나 현대인의 건강과 수명을 고려한다면 노인을 65세 이상으로 보는 것이 타당한지는 향후 논의의 대상이 될 것이다.

---

11 전업주부의 종일반 어린이집 이용을 제한하겠다는 계획이 발표되면서 그것에 대한 찬반 논쟁이 발생하였는데, 종일반 이용 제한에 찬성하는 일부 네티즌들은 인터넷상에서 전업주부들이 유아를 종일반 어린이집에 보내는 것을 두고 인격적인 비난까지 서슴지 않았다.

12 출생을 기점으로 한 달력상의 나이를 의미한다.

노년기는 신체적으로 생물학적 퇴화가 주된 특성인 시기이다. 따라서 신체구조 및 신체조직이 전반적으로 쇠퇴하면서 육체적 건강 유지가 주요한 발달과업이 된다. 심리적 측면에서는 신체적 측면과 유사하게 기능의 쇠퇴가 주된 발달특성으로 나타나 인지 및 정신 기능이 쇠퇴한다. 특히 최근에는 인지 기능의 쇠퇴로 인한 치매노인 증가가 심각한 사회문제가 되고 있다. 치매는 단순히 그러한 질병에 걸린 개인만의 문제가 아니라 치매노인을 돌봐야 하는 가족 구성원 전체의 문제이며, 최근 들어 치매노인 급증으로 인해 치매노인 돌봄은 사회문제화되었다. 보건복지부 자료에 따르면 2016년 현재 치매노인 수는 68만 명이며, 치매 유병률[13]이 지속적으로 상승하고 있다. 현재와 같은 유병률이 지속된다면 머지않아 치매환자 수가 200만 명에 육박한다는 점에서 심각한 사회문제이다.[14]

한편 정신 기능 중 지적 능력의 쇠퇴를 노년기의 발달특성이라고 일반화하는 것에 대한 반론도 존재한다. 지적 능력이라는 것이 노년기에 쇠퇴하는 암기력이나 지각력만을 뜻하는 것이 아니라 사회에 대한 이해력이나 통찰력 등 나이가 들면서 증가하는 능력도 있다는 점에서 노년기의 심리적 발달특징을 쇠퇴적인 발달로 규정하는 것에 대해 반박하는 것이다.

---

13 유병률이란 어떤 시점에 일정한 지역에서 나타나는 그 지역 인구에 대한 환자 수의 비율이다.

14 보건복지부 보도자료(2013년 5월 3일 자), 「치매 유병률 9.18%, 치매환자 수 20년마다 2배씩 증가」.

노년기는 삶의 마지막 단계라는 점에서 이 시기의 중요한 심리적 발달과업은 바로 자신의 삶과 자아에 대한 수용이다. 이를 자아통합(ego integration)이라고 표현하는데, 인생의 종착점인 죽음을 앞둔 상황에서 자신의 삶을 정리하고 수용하는 자아통합의 정도에 따라 노년기의 삶은 달라진다. 최근 들어 많이 쓰는 웰다잉(well-dying)이라는 말도 바로 노년기의 심리적 발달과업인 자아통합의 중요성을 보여 주는 것이다.

사회적 발달 측면에서 노년기의 특징은 사회적 관계망이 축소되는 경향을 보인다는 점이다. 배우자나 친구들의 사망, 자녀들의 독립 등으로 1차적 관계가 축소되고, 퇴직 및 그로 인한 사회적 활동의 축소로 2차적 관계도 축소된다. 이와 같은 사회적 관계망의 축소는 사회적 관계 단절과 심리적인 위축으로 이어져 노년기의 무위(無爲)와 고독(孤獨)의 문제를 가져온다. 특히 2015년 현재 독거노인의 수가 137만 명이 넘었으며 이들 노인은 빈곤과 질병, 무위, 고독의 어려움을 겪고 있는 것으로 나타나고 있다.[15]

이와 같이 노년기에는 쇠퇴, 축소, 단절 등의 변화를 보인다는 점에서 다른 발달단계에 비해 사회적 지원이 더 많이 필요하다. 노인들을 위한 복지서비스 제공에는 상당한 사회적 자원(복지 예산)이 투입되어야 한다는 점에서 우리 사회가 해결해야 할 중요한 사회문제가 되었다.

---

15 노인들이 겪게 되는 빈곤, 질병, 무위, 고독을 노인의 네 가지 고통이라고 해서 '4고(苦)'라고 표현하기도 한다.

2) 노인복지서비스

노년기의 신체적 발달과업을 충족하기 위해서는 건강의 유지 및 관리를 위한 서비스가 필요하다. 신체 기능의 저하 및 신체조직의 쇠퇴로 인한 만성질환 및 각종 질병에 대한 의료서비스가 요구되며, 국민건강보험제도 및 노인 대상의 각종 건강지원서비스가 이러한 노년기의 신체적 욕구를 위해 제공되고 있다. 하지만 노년기 질환은 장기간의 치료를 요한다는 점에서 의료비용 부담이 상당하다.

앞서 언급한 치매, 중풍, 파킨슨병 등 만성질환에 걸린 노인들을 개인과 가족의 영역에서 케어(돌봄)하기에는 한계가 있다. 만성질환을 가진 노인의 돌봄에는 의료와 요양 등 복합적인 서비스가 필요하다. 이러한 사회적 욕구에 대응하기 위해 노인장기요양보험제도가 2008년부터 시행되고 있다. 향후 치매노인 급증에 따른 사회문제를 예방하기 위해서 사회적 차원의 치매예방서비스가 확충되어야 한다.

한편 노인들의 무위와 고독으로 인한 심리적 측면의 문제를 해결하기 위해 노인복지관 등 노인복지시설에서 여가 및 교육 프로그램을 시행하고 있다. 다양한 신체활동·건강 증진·사회교육 프로그램을 통해서 노인들에게 적절한 여가활용의 기회를 제공한다. 국가는 또한 노인들에게 사회 봉사활동의 기회를 제공하고, 일정한 급여를 주는 노인 일자리 및 사회활동 지원사업을 시행하고 있다.

노인 문제에 있어 가장 심각한 것은 빈곤 문제이다. 한국의 노인 빈곤율은 OECD 국가 중에서도 가장 높을 정도로 노인 빈곤이 상당히 심각한 사회문제이다. 〈그림 3-1〉에서 보는 바와 같이 2014년 한국의 노인 빈곤율은 48.8%로서 OECD 국가 평균치의 4배이며, 2위인 멕시코보다도 2배 가까이 더 높다.[16]

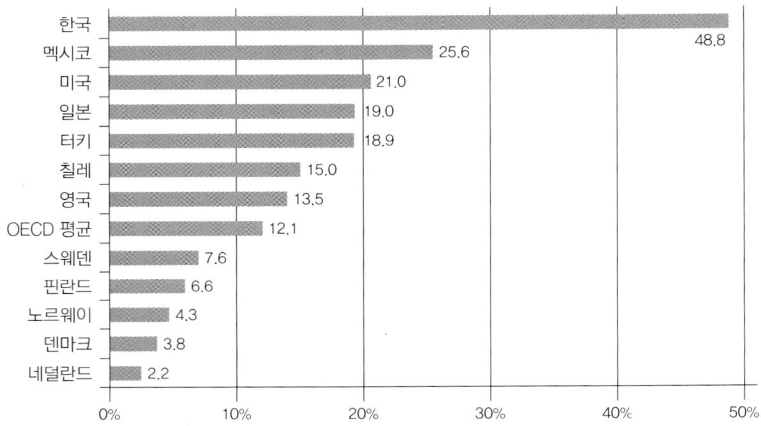

〈그림 3-1〉 OECD 국가의 노인 빈곤율
출처: OECD

국민연금의 역사가 짧은 한국에서 현재 노인의 상당수는 연금 혜택을 받지 못하거나 연금수령액이 낮아 경제적 빈곤에 처해 있다. 이에 국가에서는 65세 이상의 노인 중 소득인정액(소득과 재산)이 일정 수준 이하인 노인(소득인정액 기준 하위 70%)에게 일정

16 〈그림 3-1〉, [표 3-4]는 "Society at a Glance 2016: OECD Social Indicators" 자료를 참고하였다.

액을 지급하는 기초연금제도를 시행하고 있다. 후술하겠지만, 국민연금(노령연금)제도도 노년기의 경제적 빈곤에 대비하기 위한 사회복지제도의 하나이다.

노인들의 경제적 빈곤은 노인들의 건강·여가 등 삶 전반에 부정적인 영향을 미침으로써 노인 자살로까지 이어지고 있다. 한국은 OECD 국가 중에서 노인 자살률도 가장 높다. 노인 자살률은 노인 인구 10만 명당 자살자 수를 의미한다. [표 3-4]에서 나타나듯이 한국의 노인 자살률은 OECD 국가 중에서 가장 높다. 그 주된 원인은 경제적 빈곤에 따른 생활고이다. [표 3-4]를 보면 한국은 노인 인구 내에서도 연령이 높을수록 자살률이 더 높다는 사실을 알 수 있는데, 나이가 들수록 빈곤에 처할 가능성이 더 높다는 점을 추론할 수 있다.

고령 사회로 접어든 한국이 초고령 사회로의 진입을 목전에 두고 있는 만큼, 노인 빈곤에 대한 사회적 대응을 속히 마련하여야 한다. 현재의 노인들은 일제강점기, 한국전쟁 등 빈곤과 폐허의 상태에서 '한강의 기적'이라고 일컬어지는 급속한 경제성장을 이루어 낸 주역이지만, 그중 다수는 경제적인 어려움을 겪고 그로 인해 자살을 선택하는 경우도 있다. 이러한 상황에서 우리가 해야 할 일은 무엇일까? 노년이 주는 사회적 의미에 대한 진지한 고민과 대응이 절실하다. 그렇지 않으면 평균 수명 100세 시대의 도래가 재앙이 될 수도 있다.

[표 3-4] OECD 국가의 노인 자살률 현황

국가	연도	연령					평균
		65~69	70~74	75~79	80~84	85~	
이스라엘	2012	6.9	11.7	9.6	10.6	13.8	10.5
이탈리아	2012	8.9	10.6	12.6	11.8	13.2	11.4
일본	2013	25.1	26.2	26.3	25.5	26.8	26.0
한국	2012	45.8	67.4	81.5	95.3	119.0	81.8
룩셈부르크	2013	13.7	33.1	6.8	8.3	32.0	18.8
멕시코	2012	4.8	5.3	4.9	5.1	8.1	5.6
네덜란드	2013	12.9	11.1	13.1	11.3	17.3	13.1
뉴질랜드	2011	6.7	4.1	7.6	12.1	12.3	8.6
노르웨이	2013	13.4	10.1	12.8	11.2	6.1	10.7
폴란드	2013	19.6	18.1	13.7	14.1	16.1	16.3
포르투갈	2013	16.6	19.8	22.0	32.5	24.5	23.1
슬로베니아	2010	23.7	39.1	33.0	52.3	33.4	36.3
스페인	2013	11.2	14.0	15.1	18.6	15.8	14.9
스웨덴	2013	17.3	16.1	19.2	17.2	21.3	18.2
스위스	2012	19.5	19.1	22.7	28.6	28.9	23.7
터키	2013	3.4	3.3	3.5	5.7	5.2	4.2
영국	2013	6.3	6.3	6.6	7.1	7.8	6.8
미국	2010	13.9	13.9	15.3	15.4	16.8	15.1

출처: OECD

제2부
개인과 사회구조, 사회복지

제4장 개인과 사회구조
제5장 소득분배와 재분배

제4장 · 개인과 사회구조

어떤 사회와 국가가 좋은 사회, 좋은 국가일까? 물질적·정신적인 측면에서 좋은 사회나 좋은 국가에 속한 구성원 혹은 국민이 모두 다 행복하고 여유로운 것은 아니지만 그렇지 않은 사회나 국가에 속한 구성원 혹은 국민보다는 나은 삶을 살 가능성이 높다. 개인이 속한 사회나 국가가 좋은 사회나 국가가 아니라면, 즉 무질서와 빈곤, 폭력이 만연한 사회나 국가라면 거기에 속한 개인의 삶이 그렇게 행복할 가능성은 높지 않다.

제1장에서 설명하였듯이 개인이 행복하려면 개개인이 자신의 삶을 선택할 수 있어야 하고, 그 기회를 통해서 삶의 수준이 향상되는 경험이 축적되어야 한다. "주어진 기회를 살리는 것은 개인의 몫이지만, 어떤 기회를 얻을 수 있는지는 일차적으로 국가의 상황에 좌우된다."[17] 자신의 삶을 스스로 선택할 수 있는 기회가 주어지지 않거나, 기회가 주어진다 해도 그것을 활용할 수 있는 자원이

17 유시민(2014), 『국가란 무엇인가』, 돌베개, p. 8.

나 지지가 부족해서 기회를 놓치게 된다면 개인들의 행복 수준은 낮아질 것이다. 그런 면에서 우리는 우리가 속해 있는 공동체(사회와 국가)에 관심을 갖고 공동체의 발전을 위해 노력해야 한다.

1. 사회구조

사회와 개인 혹은 공동체와 개인의 관계에 관한 문제는 전통적인 사회과학의 연구주제였다. 그리고 이 주제는 여전히 우리가 고민해야 할 문제의 핵심이기도 하다. 이 책에서 다루고 있는 사회복지도 본질적으로 공동체와 개인의 관계에 대한 고민의 결과물이다.

개인의 삶에 영향을 미치는 사회는 개인의 무작위적 행위나 단순한 사건의 결과물은 아니다. 사회 구성원 간의 관계, 사회의 지속적 기능이 하나의 구조를 형성하고 있으며, 구조는 개인의 삶에 영향을 미친다. 개인의 행동과 개인 간의 관계에는 나름의 규칙성이 존재하여 일정한 사회적 패턴을 형성하는데, 이를 사회구조라고 한다. "사회구조는 인간의 행위와 관계로 이루어진 것이다. 여기에 유형이 생겨나는 것은 그것이 시간적·공간적으로 반복되기 때문이다."[18] 개인의 행위는 자신이 살고 있는 사회구조의 영향을 받고, 동시에 개인은 행위를 함으로써 사회구조를 변화시켜 나간다.

---

18 앤서니 기든스 지음, 김미숙·김용학·박길성·송호근·신광영·유홍준·정성호 옮김(1994), 『현대사회학』, 을유문화사, p. 44.

사회구조와 그 구조 안에서 개인의 사회적 지위와 계급, 개인이 속한 집단과 정체성, 사회적 관계는 개인의 삶에 영향을 미친다. 따라서 사회구조에 무관심하게 살아가는 사람들이 많을수록 사람들은 사회구조의 불합리와 불공정에 의해 피해를 입을 수밖에 없다. 우리의 삶 자체가 사회구조의 영향하에 있기 때문에 사회구조에 대한 이해는 사회문제의 해결과 사회복지의 제도화를 위한 선결조건이라고 할 수 있다.

사회가 개인의 모든 문제를 해결해 줄 수는 없다. 개인이 책임져야 할 문제가 있고 사회·국가와 같은 공동체의 힘으로 해결해야 할 문제가 있다. 사회복지는 바로 사회구조적인 문제나 개인적인 문제를 온전히 개인의 힘으로 해결하도록 하는 것이 아니라 구성원들의 힘을 모아 집합적으로(collectively) 해결하는 것이다. 집합적인 해결을 위해서는 사회적 연대가 필수적이다. 그러나 우리는 지금 사회적 연대보다는 각자도생(各自圖生)의 길을 강조하는 흐름 속에서 살아가고 있다.

2. 개인의 책임과 사회의 책임

1) 빈곤의 원인: 개인과 사회구조

"경쟁은 자연의 법칙이자 사회의 법칙이라는 믿음(belief)은 미국 사회의 뿌리 깊은 신념이다. 그리고 이 신념은 미국 사회복지의 본질이라고 할 수 있다. 물질적으로 부유하지 못한 것은 개인적 책임이며, 개인은 자립해야 한다. 타인이나 사회에 의존하는 것은 적절치 못하다. 개인적인 노력의 산물이 자신의 현 상황이다."[19] 위 인용문은 미국의 사회복지의 기초와 가치를 설명하기 위한 것이지만 우리의 사회복지 현실과도 상당 부분 부합하는 측면이 많다. 한 사회의 복지제도는 하나의 요인에 좌우되기보다는 다양한 요인들의 영향을 받는다. 경제 조건과 정치제도, 사회문제의 심각성 등 다양한 요인들이 사회복지제도에 영향을 미친다. 그중에서도 사회의 가치는 사회복지체계의 본질에 중대한 영향을 미친다.

개인과 공동체 중 어느 것이 우선되어야 할까? 이 질문은 개인적 책임과 사회적 책임의 논쟁과 관련된 질문이기도 하다. 개인적 노력과 책임을 강조하는 입장, 즉 개인적 가치를 중시하는 입장에서는 개인을 우선시할 것이며, 사회체계와 구조의 영향하에 있는 개인을 강조하는 입장에서는 사회적 노력과 책임을 강조하며 공동체적 가치를 중시할 것이다.

우리 사회의 가치와 신념은 사회복지에 어떠한 영향을 미쳤을까? 다소 추상적인 질문을 다음과 같이 바꿔 보자. 어떤 회사가 부도로 폐업하고 그 회사에서 일하던 근로자가 실업자로 전전하다 빈곤계층이 되어 사회적 지원을 받게 되었다. 이 경우, 빈곤층으로 추락한 개인에 대한 책임은 어디까지일까? 개인적 가치와

---

19 Dolgoff, R. & Feldstein, D.(2002), *Understanding social welfare*, Boston: Allyn & Boston, p. 1.

사회적 가치, 개인적 책임과 사회구조적 책임이라는 복잡한 문제가 얽혀 있다는 점에서 이 질문의 답은 간단치 않다.

한 개인의 상황을 설명하기 위해선 개인적 책임과 노력 같은 개인적 원인과 함께 개인의 선택에 영향을 미치는 사회구조와 같은 사회적 원인도 필요하다. 후자가 모든 것을 설명하지는 못하지만 개인의 선택과 결과를 이해하는 데 중요한 시각을 제공한다.

실업과 빈곤은 사회적·경제적 구조의 문제이다. 어떤 개인이 직장생활을 하기 힘들 정도로 성격이 고약해서 실업자가 되었고, 그 결과 빈곤하다면 그것은 개인의 문제이다. 하지만 수천 혹은 수만 명이 노동시장의 구조적 특성(일자리 감소 등)으로 인해 실업자가 되었다면, 그것은 사회구조의 문제이다. 최근 노동시장의 변화는 일자리와 임금의 양극화를 가져왔다. 이는 실업과 빈곤의 문제를 더욱 복잡하게 만들고 있다. 과거와 같이 다수의 노동자들이 제조업에 종사하면서 값싼 상품을 대량생산함으로써 부가가치를 창출하던 시대에서, 전문 서비스업과 첨단기술 산업의 고부가가치 창출이 중요시되는 시대로 산업의 초점이 옮겨 가면서 양질의 일자리가 점점 축소되는 구조로 변화하고 있다. 유사한 수준의 숙련도를 가진 다수의 노동자에게 평균소득이 보장되던 시대에서, 높은 숙련도와 전문적 지식이 필요한 일자리와 숙련도가 낮고 전문적인 업무지식을 필요로 하지 않는 일자리 간의 임금 격차가 증가하는 시대로 변화하였다. 즉, 과거 20세기 초·중반, 일정 수준의 임금이 보장되어 개인들의 노력(근로)에 의해 빈곤계층에서 탈피할 수 있었던 사회구조가 20세기 말부터는 작동하지 않고 있다. 열심히 일을 해도 빈곤하게 되는 상황이 발생한 것이다. 더 나아가 일을 하고 싶어도 일을 하지 못하는 개인들이 증가하고 있다.

2) 근로빈곤층(working poor)의 등장

일을 하지만 빈곤한 사람들을 근로빈곤층이라고 한다. 근로빈곤층은 일을 하는 빈곤층을 의미하는데, 이들은 근로소득이 있음에도 소득 수준이 낮아 빈곤 상태에서 벗어나지 못하는 계층이다. 최근 전 세계적으로 근로빈곤층이 증가하고 있는데, 과거와는 다른 양상의 빈곤층이 증가하고 있다는 점에서 새로운 사회문제가 되고 있다. 과거에는 빈곤층의 대다수가 일을 하지 않는 사람이었지만, 최근에는 일을 하는데도 빈곤한 계층이 늘어 가고 있다. 저임금 일자리와 불안정한 고용 형태가 증가하고 영세 자영업자의 비율이 늘면서 우리 사회에 근로빈곤층이 확대되고 있다.

그렇다면 근로빈곤층은 개인의 책임인가, 아니면 사회의 책임인가? 근로빈곤층에 대한 사회적 지원이 필요하다면 우리는 어떻게 해야 하는 것인가? 노약자, 병약자, 장애인을 위한 정책적 배려가 필요하다는 것은 시장 중시자(반反복지주의자)들도 인정한다. 따라서 이들에 대한 정부의 개입(최소한의 복지급여 제공)은 복지에 대한 찬반의견과 무관하게 합의점이 도출된다. 그러나 사회적 약자가 아니라 근로능력이 있고 근로를 함에도 불구하고 생계를 위한 충분한 소득을 벌지 못하는 경우, 이들을 위한 사회적 지원은 합의점을 도출하기가 쉽지 않다. 만약 이들에 대한 정부의 지원이 사회적 효용(경제성장)을 저해한다고 판단된다면, 시장 중시자들은 정부의 개입(사회적 책임이라는 판단과 적극적 개입)에 더욱 비판적인 입장을 취할 것이고, 이들에 대한 지원은 축소되거나 폐지될 가능성이 높다. 이러한 상황이 반복된다면 제2, 제3의 '송파 세 모녀 자살 사건'이 발생할 것이다. 근로빈곤층이 개인의 능력이나 노력 부족으로 인한 개인적 원인 때문인지, 사회구조의 모순으로 인한 사회적 원인 때문인지에 대해 다각적으로 고려해야 한다.

3) 빈곤의 원인

개인이 빈곤한 원인은 무엇일까? 빈곤 여부를 결정하는 요인 중 소득이 가장 큰 요인이라고 한다면, 소득을 결정하는 요인은 무엇일까?

개인 간의 소득 격차를 가져오는 요인은 다양하다. 첫째, 능력의 차이를 제시할 수 있다. 개인의 정신적·육체적 능력이 노동생산성을 결정하고 그에 따라 소득이 결정된다. 그런데 개인의 능력이 그리 단순하게 결정되는 것이 아니라는 점에서 논쟁이 발생한다. 두드러진 논쟁은 능력을 결정하는 요인으로 유전과 환경 중 어느 것이 더 큰 영향력을 발휘하는가에 관한 것이다. 유전적 요인에 의해 개인의 능력이 결정된다면 사회적인 차원에서의 정책적 처방의 필요성은 낮아진다. 하지만 개인의 능력을 결정하는 성장과정에 사회환경이 중요한 영향을 미친다고 본다면 사회적 대응의 필요성은 높아진다. 그러나 이 문제는 그리 간단하게 결론을 내리기 어렵고, 여전히 논쟁이 진행 중이다.

여기에 '개인의 노력'이라는 요인을 고려한다면 문제는 더 복잡해진다. 개인의 노력도 능력에 영향을 미치기 때문이다. 개인의 환경, 유전적 요인이 동일하다고 보면 개인의 노력 여하에 따라 능력의 차이가 발생하고, 그에 따라 소득 격차가 발생하는 것은 불가피하다. 하지만 개인의 노력 수준도 환경적 요인에 의해 좌우될 가능성이 있다고 한다면 능력의 문제에 대한 논의가 간단치 않다. 경제학에서는 이를 개인의 합리적 선택의 결과로 해석하기도 한다. 즉 개인의 노동과 여가 사이의 선호의 문제로 해석한다. 빈곤한 사람은 일보다는 여가를 더 선택한 결과라고 보는 것이다. 노력하지 않기 때문에 빈곤하다는 시각이 전제되어 있다는 측면에서 저임금과 불안정 고용 상태에 있는 계층의 문제를 노력 부족만으로 설명하는 것은 한계가 있다.

둘째, 자원과 기회의 차이가 소득 격차를 가져올 수 있다. 노동생산성이 소득을 결정한다면 인적 자본이 많은 사람일수록 소득이 높을 것이다. 높은 노동생산성은 전문직 혹은 숙련직의 일자리와 연계되어 있고, 이러한 일자리로 진입하기 위해서는 많은 교육기회가 보장되어야 한다. 우리나라와 같이 입시경쟁이 치열한 사회에서 교육기회는 높은 교육비를 감당할 수 있는, 부모가 가진 경제적 자원의 크기에 의해 좌우된다. 유사한 수준의 능력이라도 부모가 자녀의 능력 향상에 투입하는 자원의 정도에 따라 인적 자본의 차이가 발생한다. 개인의 능력이 부모의 사회적·경제적 배경에 의해서 역전되거나 더욱 고착화될 가능성이 높다는 점에서 개인이 처한 사회적·경제적 배경이 소득 격차의 중요한 원인이 된다.

셋째, 개인의 능력, 노력, 자원, 기회와 상관없이 우연한 요소에 의해 결정될 가능성도 있다. 개인의 운(運)과 같은 요인도 분명 소득에 영향을 미칠 수 있다. 하지만 이러한 요인은 사회적으로 통제할 수 없다는 점에서 이론적 논의의 대상은 아니다.

넷째, 상속과 같은 부의 세습도 소득 격차를 가져오는 중요한 요인이다. 최근 우리 사회에서 널리 쓰이고 있는 '금수저', '흙수저'라는 말은 상속으로 인한 부의 세습이 계층별 소득 불평등을 초래하는 현상을 극명하게 보여 준다.

이상에서 살펴본 바와 같이 소득의 차이를 가져오는 요인은 다양하며, 개인적 차원과 사회구조적 차원의 요인들이 결합되어 있다는 점에서 빈곤의 원인을 명쾌하게 설명하기는 어렵다. 그럼에도 부모의 사회적·경제적 배경이 자녀의 교육 수준에 상당한 영향을 미치고, 교육 수준이 소득 수준에 영향을 미치는 현상이 점차 증가하고 있는 것은 우리가 경계해야 할 부분이다.

4) 빈곤의 결과: 사회적 배제

사회구조 속의 인간은 사회적 지위를 부여받고, 그에 따라 사회적 관계의 범위가 결정된다. 일반적으로 빈곤계층은 사회적 지위가 낮다. 사회적 지위가 낮다는 것은 단순히 "물질적 생활 수준만을 의미하지 않는다. 이에 더해서 멸시당한다는 느낌, 사회의 위계서열에서 열등한 위치에 놓여 있다는 느낌, 종속감과 낮은 통제력처럼 사회적 지위가 낮아서 생기는 모든 사회적 감정을 포함한다."[20] 낮은 사회적 지위로 인해 — 우리는 이들을 사회적 약자로 표현하기도 한다 — 차별감, 모욕감을 느끼게 된다.

낮은 사회적 지위는 사회적 관계의 제약과 단절을 초래한다. 빈곤할수록 친구·이웃·집단·회사 등 사회적 연결망이 제한적이며, 문제 상황에서 선택할 수 있는 자원과 지지체계가 부족하다. 즉, 소득 수준에 따라 사회적 지위와 사회적 관계의 정도가 결정되며, 사회적 관계의 정도는 개인의 선택의 폭과 자원을 결정한다. 인류학자 살린스(Marshall Sahlins)는 "빈곤은 단지 재화의 양이 적다는 사실만을 말하지 않는다. 빈곤은 수단과 목적의 관계도 아니다. 무엇보다도 빈곤은 사람과 사람 사이의 관계에 관한 것이다. 빈곤은 사회적 지위다."[21]라고 말했다. 빈곤이 단순히 물질적 결핍만을 의미하는 것이 아니라, 사회적 관계와 관련되어 있다는 것이다. 인간은 사회적 관계에서의 상대적 위치와 권한에 따라 사회적 선택의 기회와 전략이 달라진다.

이처럼 빈곤은 한 개인과 가족을 사회적 관계로부터 배제하는 결과를 초래한다. 빈곤할수록 사회활동의 수준과 범위가 점점 제약되어 사회적 관계로부터 배제되고 사회로부터 소외되는 현상이 발생한다. 송파 세 모녀 자살 사건은 소득 수준 하락에 따른 빈곤계층으로의 이동, 그에 따른 사회적 관계 단절이라는 빈곤계층의

---

20 리처드 윌킨슨 지음, 김홍수영 옮김(2008), 『평등해야 건강하다(The Impact of Inequality)』, 후마니타스, p. 39.

21 Sahlins, M.(1974), *Stone age economics*, London: Tavistock, p. 34. 위의 책, p. 84에서 재인용.

소외 현상을 보여 준 대표적인 사례이다. 따라서 우리는 사회구조 속에서 개인들이 사회적 관계를 회복하고 사회라는 공동체의 울타리 안으로 들어올 수 있도록 해야 한다.

5) 빈곤의 대물림

인간은 다양한 사회·정치·경제·문화 집단의 소속원이다. 개개인은 서로 다른 집단에 속해 다른 역할과 책임을 수행하고 복잡한 사회적 관계(social network)를 유지해 간다. 개인과 사회 혹은 개인과 국가의 관계 사이에는 연결고리들이 존재한다. 그 연결고리에는 1차적으로 가족이, 2차적으로 집단과 지역사회가 있다.

과거 한국에서 가족은 국가를 대체하는 복지의 주 공급자였다. 아동과 노인의 돌봄·보호, 자녀의 교육은 가족의 몫이었지만 산업화가 심화되면서 우리 사회에서 가족의 형태는 변화·해체되고 있다. 아울러 여성의 사회 진출 증가로 인해 전통적인 가족의 복지서비스 공급체계가 변화되었다. 가족의 삶은 시장소득의 획득을 위해 변화되고, 가족 내에서 여성이 책임져 왔던 복지서비스를 사회가 공급하는 상황으로 바뀐 것이다.

가장 주된 사회안전망이자 1차적인 사회적 관계망의 출발점은 가족이다. 그리고 결혼과 출산이라는 인류의 생존 시스템과 직결되어 있는 사회제도가 가족제도라는 점에서 가족의 중요성은 여전하다. 하지만 사회적 관계망으로서의 가족의 의미는 우리 사회에서 상당한 변화를 보이고 있다.

문제는 가족의 사회적·경제적 환경의 정도(부의 정도, 소득의 정도, 사회적 관계의 양과 질)에 따라 사회적 관계의 공백을 메꾸는 방식이 차이를 보인다는 점이다. 빈곤한 가정환경에 처한 아동은 적절한 보육과 교육을 받을 가능성이 낮고, 가정환경이 부유한 아동은 수준 높은 보육과 교육을 받을 가능성이 높다. 보육·교육 서비스 또한 우리 사회에서 시장을 통해 구매해야 한다는 점에서 가족의 경제적 수준(부모의 소득 및 부의 정도)에 의해 결정된다.

이러한 격차를 보완하기 위해서는 사회적 차원의 정책적 접근이 필요하다. 사회적으로 해결하는 시스템이 작동하지 않는다면 결국은 가족에 의해서 해결되어야 하는데, 가족의 사회적·경제적 자원이 부족하다면 그 구성원들은 많은 것들을 포기해야 한다. 한 사회의 사회안전망이 작동하지 않는다면 그 책임은 온전히 개인과 가족의 몫이다. 아동, 노인 그리고 청년들은 가족에 의지할 수밖에 없다. 그러나 그 몫을 감당할 수 있는 가족은 일부 계층을 제외하고는 우리 사회에서 많지 않다.

지금 우리 사회는 나와 가족이 해결할 수 없는 문제들에 대한 답을 제시하지 못하고 있다. 일차적인 관계망에서 생애주기에 따른 기본적인 욕구가 충족되지 못하다 보니 '헬조선', '흙수저', 'n포세대' 등 절망적인 상황을 풍자하는 자조적인 표현들까지 등장하고 있다. 가족의 사회적·경제적 환경이 가난의 대물림의 고리가 되고 있다. 과거(보다 정확히 말하자면 1970~1980년대)에는 교육이 사회적 이동을 위한 사다리 역할을 수행하였지만 현재 우리 사회에서 교육은 또 다른 불평등을 재생산하는 사회적 장벽이 되고 있다. 우리 사회에서 부모의 사회적·경제적 계층이 자녀의 사회적·경제적 계층을 결정하는 현상이 점점 고착화되고 있다. 부모의 부(wealth)와 자산(asset), 사회적 지위(social status)와 같은 사회적·경제적 자원에 따라 자녀의 기회가 결정된다. 이른바 부모의 사회적·경제적 자원이 뒷받침되어야 스펙 경쟁 대열에 참여할 수 있고 승리하면 괜찮은 일자리를 얻을 수 있다.

3. 우리 사회의 위기

2014년 2월 서울 송파구의 한 단독주택 지하 1층에서 월세를 살던 세 모녀가 번개탄을 피우고 동반 자살한 사건이 발생하였다. 큰딸은 만성질환을 앓고 있었고, 작은 딸은 돌아가신 아버지의 사업 실패로 신용불량자가 되어 직장을 갖기 어려운 상황이었으며 어머니가 식당에서 일을 하면서 세 가족의 생계를 꾸려 가고 있었다. 일을 하지 못하는 두 딸 대신 어머니가 겨울에 출근을 하다 빙판길에 미끄러져 팔이 부러져 일을 못하게 되면서 세 모녀는 극심한 생활고에 시달리게 되었다. 세 모녀는 결국 자살이라는 극단적인 선택을 하였고 이 사실이 언론을 통해 세상에 알려지게 되었다. 이들은 마지막 순간에 "주인아주머니께… 죄송합니다. 마지막 집세와 공과금입니다. 정말 죄송합니다."라는 내용의 편지와 함께 자신들이 가진 전 재산 70만 원을 봉투에 넣어 두고 세상을 떠났다.
이 사건을 계기로 국민기초생활보장법이 개정(일명 '세모녀법')되는 등 복지사각지대를 해소하기 위한 조치들이 시행되었으나 여전히 많은 문제들이 해결되지 못하고 있다.

1) 개인의 위기

과거에 비해 한국 사회는 물질적 수준이 엄청나게 향상되었다. 일제 식민 지배와 한국전쟁을 겪으면서 최빈국 중 하나였던 한국은 세계 11위권의 경제 규모를 자랑하고, G20 정상회의에 참석할 정도의 국력을 가진 국가로 성장하였다. 국가적인 부(富)의 수준은 이전과는 비교할 수 없을 정도로 향상되었지만 개인들은 많은 위기에 처해 있다.

실업, 건강, 노후 등 사회적 위험에 대한 노출, 사회적 불확실성에 따른 심리적 불안감, 상대적 빈곤과 박탈감 증가로 인해 개인들은 행복과 안정감을 느끼지 못하고 있다. 앞서 제1장에서도 언급하였듯이 각종 행복 및 삶의 질 국가별 조사에서 한국은 경제 규모에 비해 낮은 순위를 기록하고 있다. 이러한 사실은 우리 사회의 개개인들이 느끼는 불안감을 보여 준다. OECD 국가 중에서 자살률 1위라는 불명예스러운 기록이 수년간 지속되고 있다는 것은 개인이 느끼는 불안감과 상실감 등 심리적 위기감이 얼마나 큰지를 단적으로 보여 주는 사례이다.

2) 구조의 위기

개인은 사회구조와 상호작용을 하면서 사회 속에서 삶을 유지해 간다. 우리를 둘러싼 대표적인 사회구조인 지역사회와 국가는 우리 삶과 직결되기 때문에 사회와 국가의 위기는 개인에게도 매우 중대한 위기이다. 저출산·고령화, 청년실업, 소득·일자리 양극화, 빈곤의 대물림 등 다양한 사회문제가 발생하고 있으며 이러한 사회문제는 개인의 노력과 의지만으로 해결하기 어렵다는 점에서 사회적 대응이 필요하다. 우리가 살아가면서 부딪히게 되는 여러 사회적 위험과 사회문제에 대한 대응으로서 사회구조(사회체계)가 작동될 필요가 있다.

하지만 사회적 위험의 상시화 및 사회문제의 복잡화 등으로 인해 사회구조는 그것을 해결하는 데 점차 한계를 보이고 있다. 예를 들어, 저출산·고령화 문제는 우리 사회에서 20여 년 전부터 심각한 사회문제로 제기되어 왔으나 우리 사회는 여전히 저출산·고령화 문제에 제대로 대응하지 못하고 있다.

사회구조를 형성하고 개인의 삶을 보호하는 것이 국가의 역할이다. 정치권과 정부를 통해 형성된 법률이 제대로 제정·집행되고, 사회 구성원들 사이에 사회 유지에 필요한 규범이 준수될 때 사회구조는 개인의 삶에 긍정적인 영향을 미친다. 따라서 사회구조가 개인의 삶에 긍정적 영향을 미칠 것이라는 정치 시스템과 사회제도에 대한 신뢰가 형성되는 것이 중요하다. 하지만 우리 사회는 사회문제에 대응하는 사회구조를 형성하고 유지하는 역할을 해야 할 정치권과 정부에 대한 신뢰도가 매우 낮다. 현대경제연구원의 보고서(2016)에 따르면 10점을 만점으로 할 때 정치권에 대한 신뢰도는 2.8점, 정부에 대한 신뢰도는 3.5점으로 신뢰 수준이 매우 낮다. 또한 사회구조가 작동하여 개인의 삶에 미치는 영향에 대한 평가에서도 사회적인 신뢰도가 낮은 것으로 나타났다. 능력에 따른 보상(2.8점), 공정한 경쟁(3.5점), 소득분배 공정성(3.6점) 등 모든 측면에서 신뢰도가 낮게 나타났다.[22] 이러한 조사

22 현대경제연구원(2016), 「우리나라 사회신뢰도와 공정성에 대한 인식과 시사점」, 『현안과 과제』, 16-41호.

결과는 우리 사회구조의 위기를 잘 보여 준다.

3) 관계의 위기

개인과 사회구조의 문제는 사회적 관계의 위기로 이어진다. 개인은 다양한 집단에 소속됨으로써 관계를 형성하고 관계를 통해서 사회 구성원으로서의 역할을 수행하며, 사회구조는 사회 구성원들의 관계를 통해서 생성·유지된다. 이러한 점에서 개인과 사회구조를 연결하는 것은 바로 사회적 관계이다. 따라서 개인이 사회 구성원으로서 사회에 참여하고 사회에서 일정한 관계를 유지하는 것은 매우 중요하다.

하지만 우리 사회에서 사회적 관계가 단절됨으로써 사회적으로 배제되는 사람들이 늘어나고 있다. 앞서 살펴본 세 모녀 자살 사건의 경우도 바로 사회적 관계가 단절됨으로써 '사회적 배제(social exclusion)'가 발생한 사례이다. 사회적 배제는 개인과 사회(구조)의 연결고리가 끊어진 것으로서, 배제된 개인이나 집단은 어려움에 처한 경우에 도움을 요청할 수 있는 통로가 차단된다. 사회적인 배제는 사적인 차원에서 친척, 친구, 직장 등에서, 공적인 차원에서 지역사회나 국가와의 관계에서 발생한다.

사회적 배제의 결과는 특정 개인이나 집단의 문제로 한정되는 것이 아니라 결국에는 사회적 통합에도 부정적 영향을 미치고, 사회적 연대의 약화를 초래한다. 사회구조가 건강한 사회라면 공적 관계나 사적 관계를 통해서, 혹은 공적 관계와 사적 관계의 병행을 통해서 어려움에 처한 개인들에게 필요한 도움을 제공할 수 있다. 흔히 말하는 사회안전망이라는 것도 공적 관계의 제도화라고 할 수 있다. 그리고 사회적 약자의 경우 사회적으로 배제될 가능성이 높다는 점에서 관계의 위기는 특히 사회적 약자나 사회적 취약계층에게 더욱 심각한 문제가 된다.

4. 위기에 대한 대안

1) 다양성의 수용

빈곤과 같은 사회문제에 대한 인식의 차이가 발생하는 원인은 무엇일까? 여러 원인을 제시할 수 있지만 개인들의 이해관계에 따라 사회현상을 바라보는 관점이 다르다는 것이 주원인이다. 서로 다른 입장과 관점이 사회현상을 바라보는 인식의 차이를 가져올 수 있다는 점에서 다양성을 수용하는 것이 요구된다.

다양성의 반대는 동일성이다. 동일성은 집단 내의 결속을 강화하지만 다른 집단에 대해서는 배타적이라는 점에서 다양성을 저해한다. 특정집단에서 나타나는 동일성은 타 집단에 대한 배타성으로 나타나고, 이러한 배타성은 사회적 차이를 인정하기보다는 나와 다른 집단에 대한 차별로 이어진다는 점에서 다양성의 원리에 대한 인정은 중요하다. 다양성이 인정되기 위해서는 나와 다른 것에 대한 차이(difference)를 인정해야 한다. 차이를 인정하지 못하는 사회적 풍토하에서 사회복지는 더욱 어렵다. 현대사회는 서로 다른 이해관계와 이익을 추구하는 다양한 집단들이 존재하기 때문이다. 그런 면에서 사회복지는 다양성과 차이에 대한 수용과 이해를 바탕으로 다양한 사회 구성원들이 타당하다고 인정할 수 있는 제도를 만들어 가려는 사회적 노력이다.

2) 개인과 공동체의 조화

사회제도를 바탕으로 계층 간의 격차를 줄이고 경쟁을 순화시킴으로써 사람들이 삶의 여유를 가지고, 나와 타인 혹은 개인과 사회구조를 이분법적 사고로 나누는 것이 아니라 모두 함께 살아간다는 공동체적 사고를 가질 수 있도록 만들어 가야 한다.

공동체의 특성에 따라 구조 속의 개인의 대응과 선택은 달라진다. 사회구조를 어떻게 설정하느냐에 따라 개인의 상황은 달라진다. 또한 개인의 능력과 선택을 증가시킴으로써 사회구조에도 긍정적 영향을 미칠 수 있고, 반대로 좌절·배제된 개인들이 사회에 부정적 영향을 미칠 수도 있다. 개인이 사회구조에 영향을 미치는 것이다. 어떤 공동체를 지향할 것인지에 대한 공동체 구성원들의 의지와 노력이 중요하다.

제1장에서 우리는 행복을 개개인이 자신의 삶에서 중요한 선택을 할 수 있는 기회를 갖는 것이라고 정의했다. 자유로운 선택의 기회가 주어지고, 선택할 수 있는 기회들이 공개되어 있으며, 그 기회를 이용할 수 있어야 한다. 더 나아가 선택권을 행사하기 위한 자원이 충분해야 하며, 선택 이후에도 자신의 선택을 지속적으로 유지할 수 있는 자원이 뒷받침되어야 한다. 일부 사람들은 선택을 해야 할 경우에 그것과 관련된 정보와 기회가 충분

하게 주어지지만, 일부 사람들은 전혀 갖지 못하거나 제약되기도 한다. 보다 많은 정보와 선택권을 가질수록 기회는 더 넓어진다. 사회복지 정책과 프로그램은 사회가 보다 많은 개인들에게 기회를 제공하고 그러한 기회를 이용하는 데 필요한 기술을 제공하는 방법 중의 하나라는 점에서 기회 제공을 위한 사회적 노력과 지원은 사회복지의 본질이기도 하다.

개인들에게 보다 많은 기회를 제공하기 위한 사회적 노력과 지원의 결과물이 바로 복지국가(복지사회)이다. 사회적 관계는 나와 직접적인 관련이 있는 사회 구성원과의 관계뿐만 아니라 나와 직접적인 관련은 없지만 같은 공동체 구성원으로서 나와 너를 넘어선 제3자, 타자에게로 확대된 관계도 포함한다. 제1장에서 언급한 사회복지의 확대에 있어 중요한 요소인 사회적 연대는 달리 표현하면 사회적 관계의 확대를 의미한다고 할 수 있다. 복지국가는 바로 사회적 연대를 통해 사회적 관계를 확대함으로써 개인과 사회구조가 상호 긍정적인 영향을 미칠 수 있도록 만드는 시스템이다. 따라서 우리의 과제는 사회구조가 개인에게 긍정적인 영향을 미치도록 사회체계를 형성하고, 개인은 사회적 관계를 통해서 사회구조에 긍정적인 영향을 미치는 선순환 관계를 만들어 가는 것이다.

개인과 공동체는 분리될 수 없으며 서로 결합되어 있다는 점에서 자기 이익을 위한 개인의 결정에도 공동체 구성원으로서의 사고가 필요하다. 공동체 내의 다른 구성원에 대한 이해와 공감을 바탕으로 한 배려가 확산될 때, 공동체의 발전이 가능하다.

제5장 · 소득분배와 재분배

❖

과거에 비해 우리 사회가 물질적으로 훨씬 더 풍요로워졌다는 사실은 부인할 수 없다. 그러나 한편으로는 소득분배가 악화되고 중산층이 사라지고, 소득 양극화가 심화되는 문제점이 나타나고 있다. 자본주의 사회에서 소득 불평등 현상이 발생하는 것은 일정 부분 불가피하지만, 소득 불평등 정도가 심화되면 여러 사회문제가 초래된다는 점에서 사회복지는 소득분배 및 재분배에 대한 논의와 정책들에 초점을 맞춘다. 부 혹은 자산, 소득의 불평등을 개선하기 위한 사회적인 대안은 무엇이 있을까? 지금 우리 사회에 필요한 것은 소득의 분배를 개선하는 것일까? 이에 대한 논의를 살펴보자.

1. 소득분배

1) 소득분배의 개념과 유형

사회에서 경제활동을 통해 발생하는 생산물이나 소득은 경제

활동에 참여한 경제주체 사이에 분배된다. 소득분배(income distribution)는 한 국가에서 생산된 총소득이 사회 구성원 간에 배분되는 것을 의미한다. 소득분배는 경제활동의 결과로 발생하는 현상이지만, 시장에서의 자유의사에 따른 경쟁과 그 결과로서 발생한 소득분배가 순수한 경제현상으로서 의미만을 가지는 것은 아니다.

소득분배가 어떻게 이루어지는지의 문제, 즉 한 국가에서 생산된 총소득이 계층이나 집단별로 얼마만큼 분배되느냐는 사회적·정치적으로 중요한 의미를 가진다. 따라서 소득의 인적 분배가 중요한 사회 정책의 대상이 된다. 소득분배가 특정 집단이나 계층에 집중되면, 즉 소득분배가 악화되면 그 사회에 부정적인 영향을 미치기 때문이다. 소득 양극화가 가져오는 사회적 영향을 고려할 때, 소득분포를 파악하고 소득분배 악화에 대한 대안을 마련하는 것은 사회복지 정책의 중요한 과제이다.

소득분배는 두 가지 측면에서 설명되는데, 기능별 소득분배와 계층별 소득분배가 그것이다. "기능별 소득분배는 경제 전체의 각 생산요소 사이에서 어떻게 나누어지는지의 관점에서 분배를 파악하는 것을 뜻한다. 국민소득이 임금, 이자, 이윤, 지대 등으로 나누어지는 몫이 각각 얼마인지를 보는 것이 기능별 소득분배이다. 계층별 소득분배는 소득이 가장 큰 사람으로부터 차례로 배열했을 때 각 소득계층에 돌아가는 소득의 몫이 얼마나 되는지를 보는 방식이다. 가장 부유한 10%의 사람들이 전체 소득의 몇 %를 차지하는지, 가난한 사람과 부유한 사람들 사이에 소득이 어떤 비율로 나누어지는지를 보는 것이다."[23]

일반적으로 소득분배를 논의하는 경우 계층적 소득분배를 의미하며, 계층적 소득분배가 소득분배의 주된 문제로 간주된다. 기능별 소득분배는 경제학적인 분석기법이 발전해 있는 데 비해, 계층별 소득분배는 분석기법이 상대적으로 개발되지 못하였다. 따라서 우리가 관심을 갖고 있는 계층별 소득분배에 관한 논의는 이론적 측면보다는 실증적 측면에 대한 분석에 초점을 둔다. 이하에서는 계층별 소득분배에 대한 실증적 접근방법과 관련한 내용들을 중심으로 소득분배에 대해서 설명하였다.

2) 소득행렬

한 사회의 소득분배 상황을 보여 주는 것으로 '소득행렬'이라는 것이 종종 활용된다. 한 사회 구성원들의 소득 수준을 키(신장)로 표시하여 1시간 동안 행진하는 상황을 가정하여 보여 주는 것이 소득행렬이다. 한 사회에서 소득이 가장 낮은 사람이 맨 앞에 서고 소득이 가장 높은 사람이 맨 뒤에 등장하는 행진을 통해서 한 사회의 소득분포를 보여 준다.

1971년 네덜란드의 경제학자 얀 펜(Jan Pen)이 『소득분배: 사실, 이론과 정책(Income Distribution: Facts, Theories and Policies)』이라는 저서에서 영국의 소득 수준을 가장행렬에 비유하면서 이 용어가 사용되기 시작하였다. 개인의 소득을 키(신장)로 나타내고 키 순서대

---

23 이준구·이창용(2015), 『경제학원론』, 문우사, p. 321.

로 한 시간 동안 행렬한다고 가정할 때 맨 처음에는 머리를 땅속에 파묻은 사람이 나타나고, 다음으로 파트타임 근로자, 주부, 신문배달 소년과 같은 난쟁이들이 나타나며, 10분 정도 지나면 육체노동자들이 나타난다. 이들은 평균 신장에 미치지 못하는 작은 사람들로, 45분쯤 지나서야 평균 신장인 170cm 정도의 사람들이 나타난다. 그리고 54분쯤에 키가 6m인 의사나 변호사 같은 전문직 고소득 직업군들이 나타나고, 마지막 몇 십 초를 남기고는 구름 속에 머리가 파묻힌 거인들의 행렬이 나타난다.[24]

펜의 소득행렬을 한국에 적용하면 어떤 모습이 될까? 국세청의 2014년 통합소득 백분위(과세 미달자 포함) 자료를 활용하여 한국의 소득행렬을 그려 보면 〈그림 5-1〉과 같이 나타난다.

우리나라 평균 소득자의 키를 175cm로 설정하고 1시간 동안 행렬하는 사람들의 키를 재면 제일 앞에서 행진하는 사람은 키가 0.01cm로 연소득이 2,313원이고 30분이 경과한 뒤 113.8cm인 사람이 지나간다. 그리고 40분 뒤 키 175cm의 3,037만 원의 연소득을 버는 사람이 지나가며, 54분 뒤에 소득 상위 10%에 해당하는 3.81m~6.34m인 사람들이 나타나고, 행렬이 끝나기 10초 전에 키가 20m가 넘는 거인들이 나타난다. 그리고 제일 마지막에 등장하는 거인은 키가 무려 1,227m이고 연소득이 213억 원이다.

---

24 Pen, J.(1971), *Income Distributions: Facts, Theories and Policies*, NY/Wash.: Praeger.

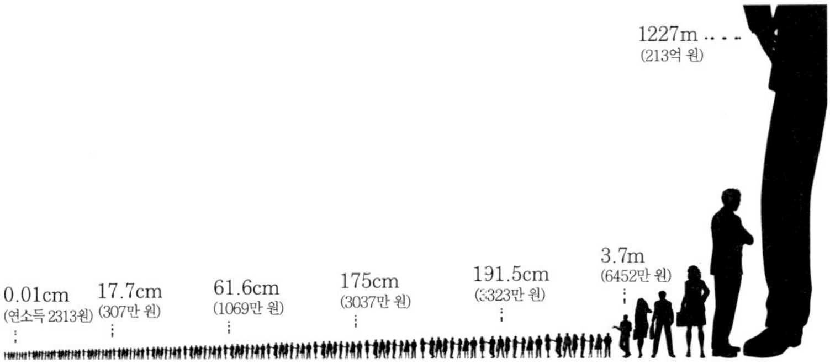

〈그림 5-1〉 한국의 소득행렬

* 2014년 근로소득자의 소득자료를 바탕으로 필자가 작성한 것임

〈그림 5-1〉의 소득행렬 자료를 바탕으로 계산한 근로소득자의 평균소득은 3172만 원이다. 그러나 위의 소득행렬에서 순서상으로 가장 중간에 위치한 근로자의 소득(중위소득)[25]은 약 2200만 원이다. 이것은 무엇을 의미하는 것일까? 평균값이 중위값보다 크다는 것은 통계적으로 정규분포를 이루지 않고 한쪽으로 편포되어 있다는 뜻이다. 평균소득과 중위소득의 차이가 크다는 것은 바로 소득 격차가 크다는 뜻이다.[26]

---

25 평균은 일반적으로 사용하는 산술평균을, 중위수는 자료를 정렬하였을 때 전체 집단에서 정중앙에 위치하는 중앙값을, 최빈값은 조사 자료 중에서 빈도수가 가장 높은 값을 의미한다. 평균소득은 모든 근로소득자의 소득을 더한 다음 근로소득자의 총수로 나눈 소득을, 중위소득은 근로소득자의 연봉을 일렬로 정렬했을 때 가장 중앙에 위치한 소득을, 최빈소득은 가장 많은 근로자들이 받는 소득을 의미한다.

26 예를 들자면, 강의실에 51명의 학생이 있는 경우와, 1명이 나가고 그 자리에 빌 게이츠가 들어오는 경우를 비교해 보면 평균소득과 중위소득의 격차가 크다는 것이 어떤 의미인지 쉽게 알 수 있을 것이다.

3) 한국의 소득분배

자본주의 사회에서 자본을 소유하지 않은 노동자들은 노동시장에서 자신의 노동력을 상품화하지 않으면 생계 유지가 어렵다. 노동력의 상품화가 자본주의의 중요한 속성이라는 측면에서 노동력의 시장가치의 차이(임금 차이)는 중요한 이슈이다. 자본주의에서 문제는 소득(임금) 차이 '여부'가 아니라 소득 차이의 '정도'이다. 어느 정도의 소득 격차를 사회적으로 문제라고 할 수 있는지에 대해서는 의견이 서로 다르다. 하지만 급격한 소득 격차는 사회적으로 많은 문제를 야기하고 경제적으로도 바람직하지 않다는 데는 의견이 일치한다. 이러한 관점을 수용한다면 현재 한국사회의 소득 격차의 양상은 많은 우려를 낳는다.

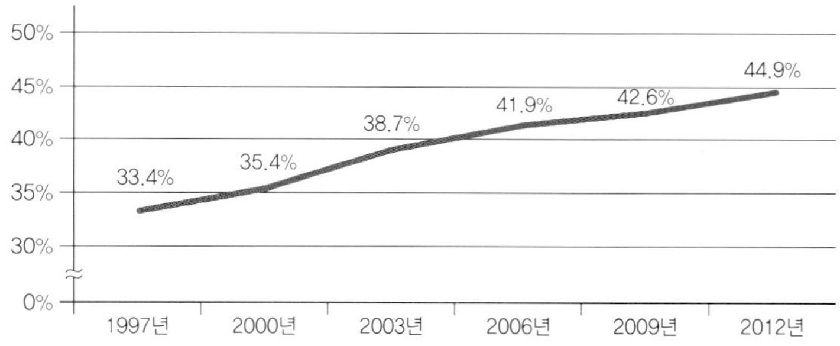

〈그림 5-2〉 한국의 상위 10% 소득계층의 소득 집중도
출처: World Wealth and Income Database

〈그림 5-2〉에서 한국의 소득분배 상황을 보면, 1997년 외환위기 이후 소득 상위 10%의 소득 점유율이 지속적으로 상승하고 있

다. 2012년을 보면 소득 상위 10%가 한국의 전체 소득 중 약 45%를 가져가는 것으로 나타났다. 2001~2012년 사이 한국의 GDP도 상승하였다는 점에서 소득의 계층적 분배에 대한 평가는 명확해진다. 위 자료는 현재 우리 사회에서 소득 양극화가 점차 심화되고 있다는 것을 실증적으로 보여 준다.

2. 소득분배의 측정

1) 소득분배지수

소득분배(소득분포)를 그림이나 여러 수치로도 파악할 수 있지만 소득분배 상태를 하나의 수치로 보여 주는 소득분배지수를 살펴보면 한 사회의 소득분배 상황을 파악하기 쉽다. 또한 국가 간 비교도 가능해 우리의 소득분배 상황이 다른 나라와 비교하여 어느 정도인지 파악하는 데도 용이하다. 따라서 소득분배지수에 대해 이해가 필요하다.

첫째, 가장 대표적인 소득분배지수는 지니계수이다. 지니계수는 소득이 어느 정도 균등하게(혹은 불균등하게) 분배되는지를 나타내는 수치로, 이탈리아의 통계학자인 Corrado Gini의 이름에서 따왔다. 지니계수를 이해하려면 로렌츠 곡선(Lorenz curve)에 대해 알아야 한다.

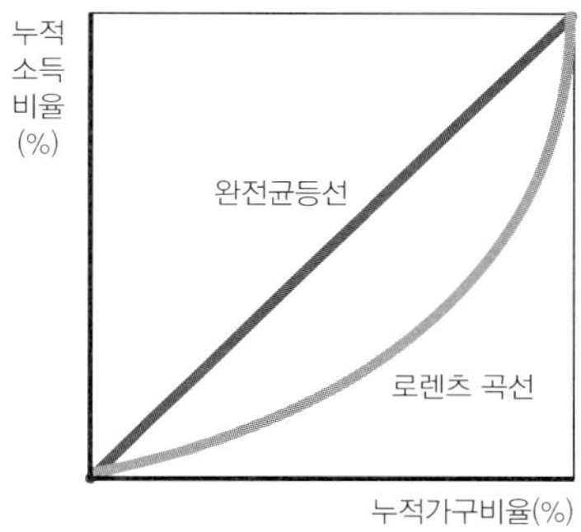

〈그림 5-3〉 로렌츠 곡선

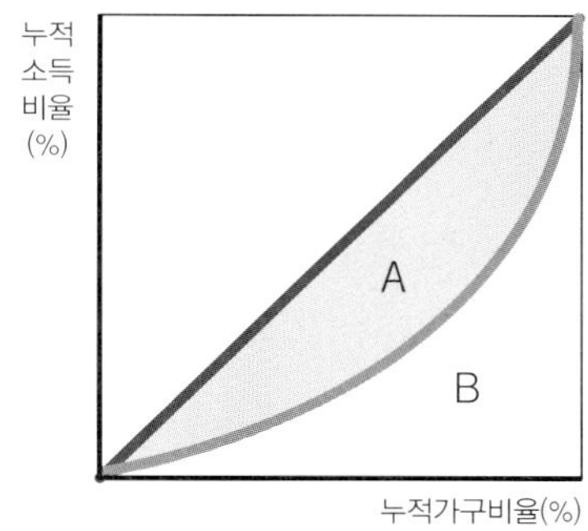

〈그림 5-4〉 지니계수의 계산

로렌츠 곡선은 누적가구비율과 누적소득비율의 관계를 나타내는 곡선으로, 〈그림 5-3〉에서 보면, 한 사회의 전체 구성원들의 소득과 가구 수를 각각 수직축과 수평축으로 누적해서 표시하면 하나의 선으로 연결된다. 완전 평등한 사회라면 누적소득비율과 누적가구비율이 동일하게 될 것이며, 따라서 완전 평등한 선은 대각선이 된다. 완전 불평등한 사회라면,[27] '」' 모양이 될 것이다. 현실적으로 로렌츠 곡선은 완전균등선과 완전불균등선 사이에 위치할 것이다. 따라서 로렌츠 곡선이 완전균등선에서 멀어질수록 소득분배가 불평등하다는 것을 의미한다. 그런데 로렌츠 곡선만으로는 사회의 소득분배를 비교하기 어려운 면이 있다. 국가별 로렌츠 곡선을 도출하였지만 곡선이 교차하는 경우도 있을

27 예를 들어, 사회 구성원이 100명인데 99명은 소득이 제로이고 1명이 그 사회의 소득을 모두 다 갖고 있다고 가정해 보자.

것이며, 일정한 수치로 보여지는 것이 아니기 때문에 소득분배를 비교하기 어렵다.

로렌츠 곡선의 면적 비율을 비교하는 아이디어에서 나온 것이 지니계수로서, 지니계수는 한 사회의 소득분배 정도를 특정한 수치 값으로 보여 주기 때문에 국가 간·사회 간 소득 불평등 정도를 비교하기 쉽다. 〈그림 5-4〉에서 지니계수는 'A/(A+B)'의 값으로 표현된다. 따라서 지니계수 값이 0이 된다면, 즉 분자인 A값이 0이라면 완전 평등한 상태를 의미한다(앞에서 로렌츠 곡선을 생각해 보면 쉽게 알 수 있다). 지니계수 값이 1이 된다면, 즉 분자인 A와 분모인 (A+B)값이 동일하다면 완전 불평등한 상태를 의미한다. 따라서 지니계수 값이 커질수록 소득 불평등도 높다는 것을 의미한다. 경험적으로 0.4 이상이면 빈부 격차가 심화되고 있는 것으로 평가한다.

다음으로 5분위 분배율과 10분위 분배율이 있다. 이들 지수는 한 사회의 소득 수준을 10개 그룹으로 구분하여 측정하는 것으로, 5분위 분배율은 '상위 20%의 평균소득/하위 20%의 평균소득'을 의미한다. 5분위 분배율은 개념적으로 1부터 ∞까지의 값을 갖게 되며, 수치가 클수록(분모값이 작거나, 분자값이 큰 경우) 소득 불평등도가 높다는 뜻이다. 10분위 분배율은 '하위 40%의 평균소득/상위 20%의 평균소득'을 의미한다. 10분위 분배율은 이론적으로 0부터 2 사이의 값을 갖게 되며 수치가 클수록 소득 불평등도가 낮다는 뜻이다.

이 외에도 상대적 빈곤율, 중산층 비율도 사용되고 있다. 상대적 빈곤율은 '중위소득 50% 미만인 가구가 전체 가구에서 차지하는 비율'을 의미한다. 우리 사회의 노인빈곤율이 44.6(2016년 기준)으로서 OECD 국가 중에서 1위라고 할 때, 이는 노인 중 중위소득 50% 미만인 비율이 100명 중 44.6명이라는 것을 의미한다. 중산층 비율은 '중위소득의 50~150%인 가구(중산층)가 전체 가구에서 차지하는 비율'을 의미한다.

2) 한국의 소득분배지수

아래 [표 5-1]에서 나타나듯이 한국은 1995년 지니계수가 0.259로 아주 양호한 수준이었다가 1997년 외환위기를 기점으로 1999년 0.3 가까이로 상승하였다. 세계 금융위기가 발발했던 2007년 이후에는 0.3 이상의 수치를 보이고 있다. 외환위기, 금융위기와 같은 국내외의 환경 변화 이후로 소득 불평등도가 악화된 것을 지니계수가 보여 준다. 5분위 분배율, 상대적 빈곤율, 중산

[표 5-1] 한국의 소득분배 현황

	1995	1997	1999	2001	2003	2005	2007	2009	2011	2013	2015
지니계수	0.259	0.264	0.298	0.290	0.283	0.298	0.316	0.320	0.313	0.307	0.305
5분위 분배율	3.85	3.97	4.93	4.66	4.66	5.17	5.79	6.11	5.96	5.70	5.67
상대적 빈곤율	8.3	8.7	12.2	11.3	12.1	12.8	14.9	15.4	15.0	14.5	14.2
중산층 비율	73.5	72.7	67.0	68.2	69.4	66.6	63.5	62.6	63.8	66.0	67.3

출처: 통계청 가계동향조사(도시 2인 이상 가구의 시장소득 기준)

층 비율에서도 외환위기 이후 한국의 소득분배 상태가 악화되고 있음을 알 수 있다. 하지만 2000년대 중반 이후부터는 조금씩 개선되고 있는 것으로 나타났다.

이에 대해 자료의 근거가 된 통계청의 가계동향조사 시 고소득층의 소득이 제대로 반영되지 않았기 때문이라는 반론이 있다. 고소득층의 조사대상 표본의 수가 적기 때문에 상대적으로 통계적 착시를 가져온 것이라고 설명한다. 국세청의 소득세 자료를 가지고 분석한 연구에 따르면, 표본 수가 더 많은 가계금융 복지패널 조사 자료를 바탕으로 할 경우 지니계수가 2012년 0.404, 2013년 0.371, 2014년 0.387로 나타나 0.4에 근접한 결과를 보이고 있다.[28] 이 분석이 타당하다면 우리 사회의 소득 격차는 빨간불이 켜지기 직전의 상황에 있다고 분석할 수 있다. 통계청의 자료에서도 도시 2인 이상 가구를 포함한 전체 가구를 대상으로 측정한 지니계수는 2007년 0.340, 2011년 0.342, 2015년 0.341로 더 높게 나타나고 있다.[29]

이와 같이 소득분배지수를 측정하기 위한 자료의 성격 및 지수의 해석에 대해 다양한 논쟁이 있다. 소득의 불평등에 관한 논의는 소득 측정에 대한 방법론적인 문제에서부터 소득의 분배 결과에 대한 가치적인 문제까지 연관되는 매우 복잡한 성격을 갖게

---

28 김낙년(2014), 「개인소득세 및 사회보장기여금의 계층별 부담률」, 『경제사학』, 57호, 경제사학회.

29 통계청 가구동향조사 자료에는 2006년부터 전체 가구의 시장소득 지니계수가 공개되어 있다.

되어 논쟁이 불가피한 측면이 있다.

3) 소득 불평등의 사회적·경제적 영향

시장에서 발생한 소득분배가 불평등한 것이 문제일까? 다시 말해 자본주의 시장경제체제하에서 자신의 능력과 노력에 따라 발생한 결과인데, 그것이 불평등한들 무슨 문제가 될까라고 생각할 수 있다. 하지만 불평등한 소득분배는 사회적·경제적으로 부정적 영향을 가져온다.

소득 불평등의 심화는 사회안정과 통합에 부정적인 영향을 미친다.

> 지니계수가 높아질수록 살인율과 절도율이 상승하는 것으로 나타났다. 또한 소득 불평등과 자살 간의 관계에서는 일반적으로 사무직 노동자에 비해 생산직 노동자의 자살률이 높으며 사회 전체적으로도 소득 격차가 심화될수록 저소득층의 자살률이 높아진다.[30]

소득 불평등의 확대는 상대적 박탈감으로 인해 사회적 연대의식의 저하, 생계형 범죄 증가 등 사회적으로 부정적인 영향을 미친다.

소득 불평등은 경제성장에도 부정적인 영향을 미친다.

---

30 조순·정운찬·전성인·김영식(2013), 『경제학원론』, 율곡출판사, p. 293.

경제성장을 위해서는 인적 자본의 축적이 중요한데 소득 불평등이 커질수록 저소득층은 인적 자본에 투자(교육)하기 어려워진다. 저소득층의 인적 자본 투자의 감소는 사회 전체적으로 인적 자본 축적의 감소를 가져온다. 또한 소득분배의 불평등은 능력과 학습기회의 불일치를 가져와 인적 자본 투자의 효율성도 저해하게 된다. 학습능력이 뛰어난 저소득층의 아동에게는 교육기회가 제한되어 과소투자가 발생하고, 학습능력이 낮은 고소득층의 아동들에게는 과잉투자가 발생함으로써 사회 전체적으로 인적 자본 투자의 효율성이 낮아진다. 또한 소득 불평등은 물적 자본의 편중으로 소규모기업이나 자본이 부족한 사람들에게 투자의 계획을 세울 수 없게 만들어 자본축적이 저해된다.[31]

이와 같이 소득 불평등은 사회적·경제적인 측면에서 부정적인 파급효과를 가져온다. 따라서 소득분배의 불평등을 시정하여 바람직한 분배 상태로 유인하는 소득재분배 정책이 필요하다.

3. 소득재분배

지금까지 우리는 한 사회에서 발생하는 소득분배에 대한 내용들을 살펴보았다. 자본주의 시장경제하에서 1차적으로 분배된 소

31 위의 책, p. 297

득이 특정한 기제에 의해 다시 분배되는 것이 '소득재분배'이다. 소득재분배와 관련하여 시장에서 발생한 소득분배를 다시 변경할 수 있는 재분배의 권한이 누구에게 있고, 어떠한 방법으로 재분배를 할 것인지가 상당히 첨예한 문제가 된다.

1) 소득재분배의 개념

소득재분배(income redistribution)는 "소득 불평등을 완화하고 사회적으로 바람직한 분배 상태로 유도하는 정책이다."[32] 즉, 소득분배의 분포 상태를 수정하는 것으로서 정부의 정책적 개입을 통해 이루어진다. 사회복지에서 관심을 갖는 정부의 소득재분배 수단은 바로 '조세'와 '사회보장기여금(사회보험료)'이다. 주요한 소득재분배 사회복지 정책으로 공공부조와 사회보험이 있다. 공공부조의 재원이 세금이며, 사회보험의 재원이 사회보험료라는 점에서 소득재분재 정책의 수단은 크게 '조세'와 '사회보장기여금(사회보험료)'이 된다.

하지만 시장에서 발생한 소득분배 상태에 정부가 인위적으로 개입하는 것에 대하여 비판적인 견해가 있다. 정부의 소득재분배 정책이 오히려 경제의 효율성을 상실하게 만들 수도 있으며, 이른바 근로의욕 저하와 정부의 복지 혜택에만 의존하려는 복지병[33]을

---

32 위의 책, p. 298.

33 '복지병'이라는 용어는 학문적 용어는 아니며, 복지에 의존적인 태도를 비판하기 위해 정치적인 목적으로 사용된 것이다. 보다 정확한 학문적 용어로는 빈곤함정(poverty trap)이 있다. 이 책에서는 독자의 이해를 돕기 위해 그대로 사용하였다.

가져온다는 비판이 그것이다. 그럼에도 장기적으로 볼 때 소득재분배를 통한 공평성의 증가가 효율성 증가를 가져온다면 재분배 정책은 타당성을 갖게 된다. 역사적 경험을 통해서도 분배적 형평성이 유지된 사회가 그렇지 못한 사회보다 경제적인 성장과 효율성이 높게 유지되는 것으로 나타났다. 따라서 소득 불평등을 줄이기 위한 다양한 정책이 필요하다. 이하에서는 사회복지 차원의 소득재분배 효과를 이해하는 데 필요한 소득의 유형을 살펴보고 소득재분배에 대해 설명하였다.

2) 시장소득과 가처분소득

소득재분배 효과를 설명하기에 앞서 소득의 유형에 대한 이해가 선행되어야 한다. 소득(income)은 발생 원인에 따라 임금(근로)소득, 이자소득, 임대소득, 이전소득 등 다양하다.[34]

- 1차 소득 = 임금소득 + 사업소득 + 농어업소득 + 기타근로소득 + 재산소득
- 시장소득 = 1차 소득 + 사적 이전소득
  (사적 이전소득: 개인연금 및 민간보험 수급액, 부모·자녀로부터의 보조금, 민간 보조금)
- 경상소득 = 시장소득 + 공적 이전소득(사회보험 수급액, 공공부조 수급액)
- 가처분소득 = 시장소득 + 공적 이전소득 − (세금 및 사회보장기여금)

34 이전소득은 생산활동에 있어서 하등의 반대급부 없이 지불되는 소득을 말한다. 증여나 기부금, 연금, 실업수당과 같은 것이 해당된다.

위의 상자에서 보면 시장소득은 개인의 경제활동과 사적인 소득활동을 통해 얻게 되는 소득을 의미하며, 가처분소득은 개인이 얻게 되는 공적·사적 소득에서 국가에 납부해야 하는 부담금을 제외한 소득을 의미한다. 동일한 개념은 아니지만 시장소득은 세전소득과, 가처분소득은 세후소득과 유사한 개념으로 사용하기도 한다. 시장소득(세전소득)은 개인의 경제활동 및 비경제활동을 통해서 벌어들인 소득으로서, 국가와 관련된 공적 부담금이나 수급액을 포함하지 않은 상태의 소득을 의미한다. 반면 가처분소득(세후소득)은 시장소득(세전소득)에서 국가에 납부해야 할 세금이나 사회보험료를 제하고, 국가로부터 받게 되는 수급액을 포함한 소득을 의미한다. 따라서 시장소득은 소득분배의 상태를, 가처분소득은 소득재분배의 상태를 나타낸다.

3) 소득재분배의 효과

소득재분배를 위해서는 먼저 현재의 소득분배가 어떠한 상황에 있는지를 파악하는 것이 선행되어야 한다. 그런 점에서 앞서 설명한 소득분배지수에 대한 이해는 소득재분배를 이해하기 위한 첫걸음이다. 대표적인 사회보장제도인 사회보험과 공공부조는 소득재분배에 초점을 맞추고 있다. 그래서 사회복지 정책을 '재분배 정책'이라고 표현하기도 한다.

국가에 의해 소득재분배가 발생하였다는 것을 소득의 유형을 적용하여 표현하면, '국가의 개입으로 시장소득과 가처분소득의 차이가 발생하였다'이다. 시장소득(세전소득)이 국가가 개입하기 전 소득분배의 상황을 보여 주는 것이라면, 가처분소득(세후소득)은 국가가 개입한 이후 변화된 소득분배의 상황을 보여 주는 것이다. 즉 국가의 소득재분배 정책이 시행된 이후 발생한 소득이 가처분소득이다. 따라서 양자의 차이가 어느 정도인지를 보면 국가에 의한 소득재분배가 어느 정도인지를 파악할 수 있다. 구체적으로 시장소득의 지니계수와 가처분소득의 지니계수를 비교해 보면, 한 국가에서 발생한 소득분배와 소득재분배의 불평등 정도를 평가할 수 있다.

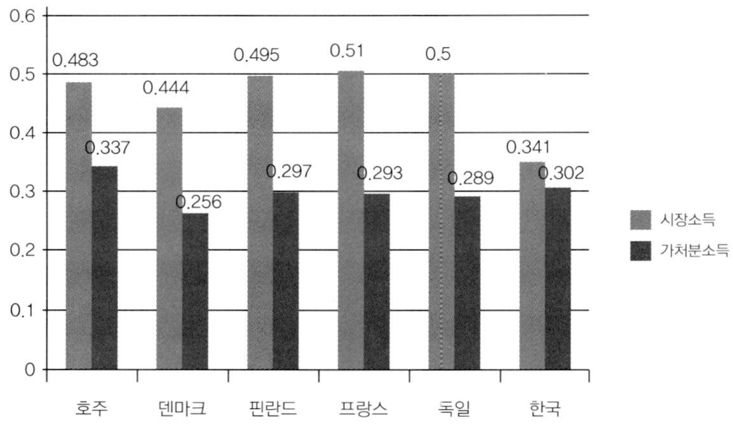

〈그림 5-5〉 OECD 주요국의 국가별 시장소득과 가처분소득의 지니계수(2014년 기준)
출처: OECD

〈그림 5-5〉에서 복지 선진국들의 경우 시장소득의 지니계수는 한국보다 훨씬 높은 수준으로 불평등 정도가 높지만, 가처분소득

의 지니계수는 한국보다 더 낮다. 즉 국가의 개입을 통해 소득재분배의 불평등 정도가 상당한 정도로 감소하였다. 한국의 경우에는 시장소득의 지니계수와 가처분소득의 지니계수가 거의 차이가 없는데, 이것은 국가의 개입을 통한 소득재분배가 거의 이루어지지 않고 있다는 의미이다. 한국의 지니계수 감소 정도는 비교 국가들의 20% 미만으로, 국가의 정책으로 인한 소득 불평등 완화가 거의 이루어지지 않고 있다는 것을 보여 준다. 한국은 사회보장제도의 미성숙과 낮은 조세부담율로 인해 시장소득의 분배 상태와 가처분소득의 분배 상태가 크게 다르지 않다.

제3부

사회복지제도의 이해

제6장 사회보장제도의 이해

제7장 사회복지의 대상자: 보편주의와 선별주의

제8장 사회복지의 재원과 지출

제9장 사회복지와 가치

제6장 · 사회보장제도의 이해

❖

사회복지는 다양한 차원에서 이해해야 하는 복합적 개념이다. 사회복지를 제공하는 주체에 따라 공공복지, 민간복지를 의미하기도 하고, 복지급여의 유형에 따라 사회보장제도나 사회복지서비스를 의미하기도 한다. 복합적 개념이다 보니 동일한 제도를 다른 용어로 사용하기도 하고, 서로 다른 제도를 같은 용어로 사용하기도 한다.

특히 사회보장과 사회복지라는 용어가 많이 혼용된다. 이 용어들은 때로는 동일한 의미를, 때로는 상이한 의미를 가진다. 사회보장과 사회복지의 개념은 서로 어떤 관계일까? 또 흔히 사용되는 사회안전망은 무엇을 의미하는 것일까? 이하에서는 사회복지의 복합적 개념의 혼용과 혼동을 가져오는 이유인 제도와 법률로서의 사회복지의 영역과 의미에 대해 설명하였다.

1. 사회복지와 사회보장

헌법 제34조 제1항에는 "모든 국민은 인간다운 생활을 할 권리가 있다.", 제2항에는 "국가는 사회보장·사회복지의 증진에 노력할 의무를 지닌다."라고 규정되어 있다. 즉 헌법에서는 사회보장과 사회복지를 동등한 수준의 개념 혹은 병렬적인 개념으로 규정하고 있다. 헌법의 위임을 받아 사회복지 정책의 큰 방향을 제시하고 있는 법률로 '사회보장기본법'이 있다. 사회보장기본법 제3조 제1항에는 "사회보장이란 출산, 양육, 실업, 노령, 장애, 질병, 빈곤 및 사망 등의 사회적 위험으로부터 모든 국민을 보호하고 국민의 삶의 질을 향상시키는 데 필요한 소득·서비스를 보장하는 사회보험, 공공부조, 사회서비스를 말한다."라고 규정되어 있다. 즉 사회보장기본법은 사회보장을 사회보험, 공공부조, 사회서비스를 총괄하는 개념으로 이해하고 있다.

사회보장기본법 제3조 제1항의 내용을 구체적으로 보면, 사회보장의 개념을 제2장에서 설명한 인간발달(출생에서부터 사망에 이르는 인간의 전반적인 변화)의 지원을 비롯해 사회적 위험으로부터 보호하기 위해 필요한 소득과 서비스를 제공하는 것으로 설명하고 있다. 사회보험과 공공부조가 주로 소득을 보장하는 것이라면, 사회서비스는 서비스를 보장하는 것이다. 사회보장은 사회복지의 3대 분야인 사회보험, 공공부조, 사회(복지)서비스 영역을 모두 포괄하는 것으로, 국가와 지방자치단체에 의한 공공의 사회복지를 의미한다. 따라서 민간의 자발적인 복지활동을 제외한 공공의 사회복지활동이 바로 사회보장이라고 할 수 있다. 우리 법에서는 사회복지를 넓은 의미의 복지로 규정하고 있음을 알 수 있다.

사회보장기본법 제3조(정의)

1. 사회보장이란 출산, 양육, 실업, 노령, 장애, 질병, 빈곤 및 사망 등의 사회적 위험으로부터 모든 국민을 보호하고 국민의 삶의 질을 향상시키는 데 필요한 소득·서비스를 보장하는 사회보험, 공공부조, 사회서비스를 말한다.

2. 사회보험이란 국민에게 발생하는 사회적 위험을 보험의 방식으로 대처함으로써 국민의 건강과 소득을 보장하는 제도를 말한다.

3. 공공부조란 국가와 지방자치단체의 책임 하에 생활 유지 능력이 없거나 생활이 어려운 국민의 최저생활을 보장하고 자립을 지원하는 제도를 말한다.

4. 사회서비스란 국가·지방자치단체 및 민간부문의 도움이 필요한 모든 국민에게 복지, 보건의료, 교육, 고용, 주거, 문화, 환경 등의 분야에서 인간다운 생활을 보장하고 상담, 재활, 돌봄, 정보의 제공, 관련 시설의 이용, 역량 개발, 사회 참여 지원 등을 통하여 국민의 삶의 질이 향상되도록 지원하는 제도를 말한다.

5. 평생사회안전망이란 생애주기에 걸쳐 보편적으로 충족되어야 하는 기본욕구와 특정한 사회위험에 의하여 발생하는 특수욕구를 고려하여 소득·서비스를 보장하는 맞춤형 사회보장제도를 말한다.

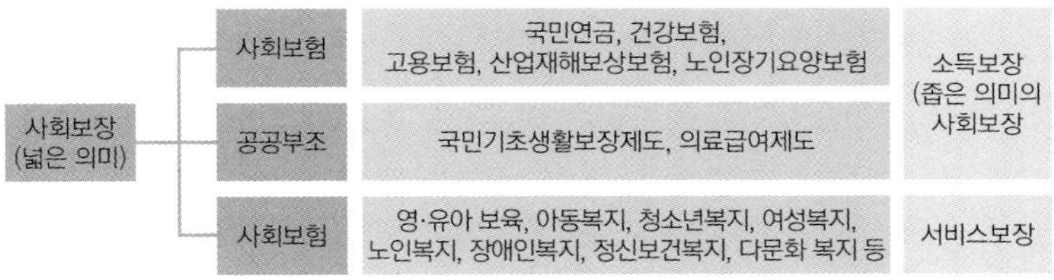

〈그림 6-1〉 사회보장제도의 구분

2. 사회보험제도의 특성

사회보장제도는 크게 사회보험, 공공부조, 사회서비스 영역으로 구분된다. 하지만 사회보장제도를 좁게 규정하면 소득보장제도인 사회보험과 공공부조를 주로 의미한다. 이하에서는 사회보험과 공공부조의 개념과 제도적 특징에 대해 설명하였다.

1) 사회보험의 원리

기업의 채용공고 조건을 보면 복리후생으로 '4대보험 가입'이라는 조건이 제시되어 있는 것을 흔히 볼 수 있다. 4대보험은 국민연금, 건강보험, 고용보험, 산업재해보상보험을 말하며, 이들 보험을 사회복지에서는 '사회보험'이라고 한다.

사회보험은 국민이 처하게 될 사회적 위험에 대비하여 보험의 방식으로 대처하는 제도이다. 사회보험은 단순하게 말하자면 사회복지의 이념과 보험의 원리가 결합된 것이다. 국민이 처하게 될 사회적 위험으로부터 국민의 건강과 소득을 보장한다는 측면에서 사회복지의 이념이, 그러한 위험의 대비 혹은 위험의 분산을 보험 방식으로 대응한다는 측면에서 보험의 원리가 관련되어 있다.

한국에서 시행되고 있는 사회보험제도로는 국민연금, 건강보험, 고용보험, 산업재해보상보험, 노인장기요양보험이 있다. 노령, 질병, 실업, 산업재해 등은 자본주의 사회에서 개인의 소득 감소 및 중단을 가져오는 대표적인 사회적 위험이다. 즉, 늙어서 더 이상 일을 할 수 없거나, 아파서 일을 할 수 없거나, 일을 하다가 근로 현장에서 심하게 다쳐서 일을 할 수 없게 되기도 한다. 또한 일을 하고 싶어도 나의 의사와 상관없이 다니던 회사가 폐업하거나 구조조정으로 인해 일을 할 수 없게 되기도 한다. 이와 같이 개인의 소득 감소 및 중단을 가져올 수 있는 위험을 사전에 보험방식으로 미리 대비하도록 하고, 이후에 위험요인이 발생했을 때 개인의 소득을 일정 부분 보전해 주는 것이 사회보험이다. 최근에는 장기간 돌봄을 요하는 만성질환 노인의 증가로 인해 노인장기요양보험제도가 2008년부터 시행되고 있다.

2) 사회보험의 특성 1: 강제성

사회보험제도의 가장 큰 특징은 강제성이다. 사회보험의 강제성은 보험 가입자가 많으면 많을수록 개인의 부담이 감소한다는 것에 근거한다. 사회보험을 왜 개인의 의사와 상관없이 국가가 모든 국민에게 의무적으로 가입하도록 하는 것일까? 개인의 의사와 무관하게 강제적으로 가입하게 하는 것은 나름의 사회적인 효과를 고려했기 때문이다. 예를 들어, 암환자 1명의 치료비를 20명이 분담할 때와 200명이 분담할 때를 비교해 보자. 답은 분명하다.

사회보험도 민간보험과 마찬가지로 '보험'이라는 점에서 위험대비 혹은 위험 분산이라는 목적을 가진다. 하지만 개인적인 수준보다는 사회 구성원 전체의 위험 대비, 위험 분산의 목적이 있다는 것과, '사회'보험이라는 점에서 개인적으로 가입을 선택할 수 없다는 것이 민간보험과 다르다. 사회보험은 법률에 의해 일정한 조건하에서만 가입이 유예되고 모든 국민은 의무적으로 가입하게 되어 있다. 국민연금을 예로 들면, 모든 국민(국내에 거주하는 18세 이상 60세 미만)은 국민연금에 의무적으로 가입해야 하지만 공무원과 같이 다른 공적 연금제도에 가입되어 있거나, 일정한 소득활동을 하지 않거나 연금을 낼 수 없는 상황(빈곤층으로서 국민기초생활보장 수급자)에 있는 경우에는 가입 대상에서 제외시켜 준다.

사회보험은 사회적 위험의 분산효과를 높이기 위해 최대한 많은 수의 가입자가 보험에 가입하도록 하는 것이 유리하다. 따라서 사회보험은 전 국민을 '강제가입'하도록 한다. 만일 사회보험을 개개인의 선택에 맡겨 둔다면 — 사회에 다라서 사회적 위험의 대응을 개인의 선택과 준비에 맡겨 두는 경우도 있다 — 지금 당장의 소비를 위해 사회적 위험에 대한 대비를 상당 부분 줄이거나 아예 대비를 하지 않는 개인들이 많아질 가능성이 높다. 그렇게 된다면 어떤 사회적 위험이 발생했을 때, 국가나 사회로서는 엄청난 재정적·사회적 부담이 될 수밖에 없다. 따라서 일부 반발이 있지만, 사회보험은 원칙적으로 전 국민을 대상으로 강제하는 것이다.

보험 가입을 개인의 자율적인 선택에 맡겨 두는 경우를 생각해 보자. 보험에서 대비하고자 하는 위험 발생률(위험률)이 높은 사람만 가입할 가능성이 높다. 그렇게 된다면 보험회사 입장에서 보험금 지급이 많아지고, 적정한 수익을 확보하기 위해서 보험회사는 보험료율(보험 납부금)을 높여야 한다. 보험료율이 높아지면 높은 보험료를 재정적으로 감당할 수 있는 사람 혹은 재정적인 능력은 부족하지만 높은 보험료를 감당하더라도 가입해야 하는 위험률이 매우 높은 사람만 가입자로 남게 된다. 후자에 대한 보험금 지급은 보험회사 입장에서 다시 보험료율을 올려야 하는 요인이 되고, 결국 고위험자만 가입자로 남게 된다. 이른바 '역선택' 현상이 발생한다. 이러한 상황은 보험제도를 시행하는 목적과 부합하지 않는다. 사회 전체적으로 보면 위험 대비·위험 분산이라는 목적에도 맞지 않고, 장기적인 측면에서 재정적인 지속 가능성도 보장하기 어렵다.

가입을 강제하는 것은 보험 가입자와 보험재정을 확대하는 데도 이점이 있다. 일부의 사람만 가입하는 것보다는 모든 국민이 가입하도록 하여 보험재정의 풀(pool)을 넓히고, 보장의 폭(coverage)을 넓히는 것이 재정적인 안정성과 지속성 측면에서도 유리하다. 따라서 모든 국민을 의무적으로 가입하도록 만드는 것이 개인의 선택에 맡기는 것보다 사회 전체적인 효용성이 높다. 사회보험료는 본인의 의사와 무관하게 개인 소득에서 원천징수함으로써 조세적 성격을 갖고 있다고 하여 준(準)조세라고 표현하기도 한다.

3) 사회보험의 특성 2: 기여금의 분담, 준조세

사회보험은 사회적 차원의 위험 분산(개인들의 위험 분산의 총합적 차원)이라는 목적 외에도 소득재분배라는 중요한 목적이 있다. 소득재분배라는 목적은 보험 가입의 강제성이라는 특성과 관련이 있다. 사회보험에서 소득재분배는 고소득자와 저소득자 간의 소득분배를 의미한다. 사회보험에 가입한 국민은 소득 수준에 따라 납부하는 보험료가 다른데, 소득이 낮은 계층이 높은 계층에 비해 보험 혜택을 상대적으로 더 많이 받는다. 즉 보험 가입자 간의 소득재분배 효과가 있는 것이다. 상대적으로 덜 낸 사람이 혜택을 더 보고, 더 낸 사람이 혜택을 덜 보는 구조여야 소득재분배가 가능하다는 점에서 최대한 많은 국민들을 보험에 가입하도록 만드는 것이 필요하다.

사회보험 가입자가 납부하는 현금을 일반적으로 보험료(insurance fee)라고 부르지만, 사회복지에서는 '기여금(contribution)'이라는 용어를 사용하기도 한다. 사회보험의 재정에 일정 부분 기여함으로써 타인의 위험 분산을 도와준다는 의미에서 기여금이라는 표현을 사용한다. 기여금은 국민 개개인의 납부금으로만 충당되는 것은 아니며, 기업의 부담금도 포함된다. 국가에 따라 분담 비율은 차이가 있는데, 한국의 경우 국민연금과 건강보험, 고용보험의 실업급여 기여금을 가입자(근로자)와 고용주(회사)가 각각 50%씩 분담하는 형태로 사회보험료를 부과하고 있다. 또한 보험을 운영하는 데 필요한 재정과 보험급여 부족분은 국가재정으로 충당한다. 사회보험의 전체 재정은 가입자 및 고용주의 부담금과 국가의 부담금(조세)으로 구성된다.

4) 사회보험의 이슈 1: 노령연금의 보장성

'개인형 퇴직연금(IRP: Individual Retirement Pension)에 가입하면 연말정산 시 최대 연 700만 원 세액공제 혜택!' 이 책의 독자들 중 직장생활을 하지 않는 사람들은 이 문구가 별로 와닿지 않을 것이다. 퇴직하면 국민연금을 받는데, 개인형 퇴직연금은 무엇이고 왜 연말정산 세액공제 혜택까지 주는 것일까? 개인형 퇴직연금은 비록 민간 은행이나 보험사의 금융상품이지만 사회보험과도 연관성이 있다.

연금 역사가 오래된 서구 유럽의 경우, 사회보험의 재원 조달은 현재 퇴직세대(연금 수급세대)에 지급하는 연금액을 현재 근로세대(연금기여금 납부세대)로부터 거둬들인 기여금으로 나눠 주는 '부과방식'이다. 기여자가 자신의 소득 수준에 비례하는 기여금을 납부하고, 퇴직이나 연금 수급 이유 발생 시 확정된 급여를 받는 방식이다. 그리고 국가나 국가의 위탁을 받은 준정부기관이 기여금을 관리하는 공적 관리라는 특징을 보인다.

이러한 노령연금제도는 노인 소득보장에 실패하고 경제성장에도 저해요인으로 작용한다는 비판을 받아 왔다. 경제상황이 좋지 않아 기여금을 많이 거둬들이지 못하면 현재 노인세대에게 나눠 줄 수 있는 연금액이 줄어들고, 부족분은 결국 세금으로 충당할 수밖에 없다. 경제적 여건이 좋지 않은 상황에서 지속적인 세금 부담을 재정으로 충당하기에 한계가 있으며, 결국 노인세대에 대한 연금액을 줄이는 개혁안을 정치 의제로 다루게 되었다. 2000년대 초반 유럽 국가들의 재정 악화를 가져온 원인 중의 하나로 언급되는 것이 연금제도의 운용방식이다.

현재 노인세대들이 퇴직 전 근로세대 시기에 높은 기여금을 납부하고 퇴직 이후에 안정된 소득을 기대했다 하더라도 현재 연금재정이 부족하면 노인세대들은 안정적인 노후소득을 보장받기 어렵다. 따라서 현재의 노령연금이라는 단일(1층) 연금제도의 대안

으로 3층 연금제도가 제시되고 있다.[35]

1층은 자산조사를 통한 기초연금 또는 최저연금을 지급하는 것으로, 강제적인 공적 관리를 특징으로 하는 최소한의 소득보장 기능을 하는 연금제도이다. 2층은 강제적이지만 민간관리를 통한 연금제도가 운영되는 것이다. 강제 개인저축제도와 기업연금 제도가 대표적인데, 강제 개인저축제도는 개인의 저축을 연금으로 인정해 주고 개인이 개별 민간 금융기관들이 취급하는 하나의 연금상품을 구입하는 방식이다. 기업연금제도는 근로자들이 근무하는 기업에서 연금상품에 가입하는 방식으로서, 강제적이지만 민간관리라는 특징을 보인다. 이러한 연금제도들은 우리가 주위에서 흔히 접하는 보험회사나 은행들의 연금저축 상품과 유사하다. 따라서 부과방식이 아니라 적립방식 — 개인이 가입한 개별 연금상품 계좌에 자신이 적립한 저축액이 쌓이는 방식 — 이라고 할 수 있다. 금융기관들은 개인이나 기업이 저축한 자금을 가지고 다양한 투자를 할 수 있으므로 금융시장 발전에 도움이 된다고 세계은행은 주장하고 있다.

마지막으로 3층은 임의적 제도이다. 즉 여유가 되는 개인이나 기업이 임의적으로 가입할 수 있는 것으로, 기업연금이나 개인저축 형태가 있다. 1층과 2층이 강제성이 있다면(즉, 국가가 개인이나 기업에게 가입을 의무화한다면), 3층은 자율적으로 가입 여부를 결정한다는 점에서 차이가 있다. 앞서 언급한 개인형 퇴직연금은

35 OECD(2009), "Pension at a glance".

바로 3층의 제도에 해당되는 것으로서, 기존의 국민연금(노령연금)으로만 개인의 노후 소득보장에 한계가 있기 때문에 여러 혜택을 주면서 국가가 개인적인 연금 마련을 유도하는 것이다.

기존의 사회보험제도로서 연금제도는 기여율의 지속적 상승, 기여의 회피와 조기퇴직자 증가와 같은 개인들의 도덕적 해이, 연기금의 정치적인 이용이라는 국가의 비도덕적 행위 등 구조적인 문제가 있다. 이러한 문제들이 있다고 해서 '사회적 연대와 소득재분배'라는 사회복지제도가 추구하는 기본적인 가치와 배치되는 혹은 사회복지의 가치를 훼손하는 연금제도를 운영하는 것이 타당한지에 대해 생각해 볼 필요가 있다.

우리 사회에서도 국민연금제도의 유용성과 제도적 문제점에 대해 비판론이 있다. 일부는 국민연금제도 폐지 운동을 온라인상으로 벌이고 있으며 이에 동조하는 사람들도 있다. 이러한 현상은 국민연금제도가 문제가 있으며 개선되어야 할 점이 많다는 것을 뜻한다. 국민연금제도를 현재 세대와 미래 세대에게 이익이 되는 방향으로 어떻게 운영할 것인지 그 해결책을 찾는 것이 앞으로의 중요한 과제이다.

5) 사회보험의 이슈 2: 건강보험제도의 보험료 형평성

각국의 의료보험제도는 국가별로 운영방식이 다르다. 한국은 '국민건강보험공단'이라는 보험자가 단일 의료보험제도를 운영하는 국가의료보험제도를 채택하고 있다. 유럽이나 다른 국가들의 경우, 보험자가 다수인 경우도 존재한다는 점에서 우리는 효율적인 건강보험제도를 운영한다고 평가할 수 있다. 실제로 일부 국가들의 경우에는 우리의 건강보험체계를 벤치마킹하기 위해서 관련 전문가들을 파견하고 있을 정도이다. 그럼에도 건강보험료 부과체계나 건강보험 보장성 측면에서 여러 문제점을 가지고 있는 것이 사실이다.

건강보험 가입자는 크게 직장가입자와 지역가입자로 구분된다. 직장가입자의 보험료는 '근로소득×보험료율 6.24%(2018년 기준)'이며 보험료를 근로자와 사용자가 각각 50%씩 부담한다. 문제는 직장가입자가 근로소득 외에 별도의 소득이 있을 경우이다. 사업소득, 임대소득, 이자소득, 배당소득 등 다양한 형태의 소득(이른바 종합소득)을 가진 경우에는 종합소득에 대해 보험료가 부과되는데, 종합소득 7200만 원 이하 소득자에 대해서는 보험료가 면제된다. 예를 들어, 1억 원을 근로소득으로 벌고 5천만 원을 임대소득으로 버는 근로자의 경우 임대소득 5천만 원에 대해서는 건강보험료가 부과되지 않는다. 또한 피부양자 — 보험 가입자인 근로자가 부양하는 가족들로서 부모, 자녀 — 가 소득이 있는 경우에도 부양자 1명이 보험료를 납부하면 피부양자에게는 보험료를 부과하지 않는다. 예컨대, 1억 원을 버는 사람이 자신의 자녀가 직장가입자로 보험료를 내고 있고, 자신이 자녀의 피부양자로 등록되어 있으면 보험료를 면제받는다. 이렇게 소득이 있지만 보험료를 면제받는 사람이 약 230만 명이다(2014년 말 기준). 부양자가 주 보험 가입자로 되어 있다 보니 피부양자들의 소득에 대한 보험료 부과는 현재 건강보험제도의 형평성 차원에서 문제점을 가지고 있다.

지역가입자들의 경우에는 재산·소득·자동차·성별·연령 등을 고려하여 보험료가 산정된다. 일정한 소득이 없는 경우에도, 차나 주택을 소유하고 있으면 보험료가 부과된다. 재산의 경우 소득상한선을 설정해 놓아 30억 원까지만 재산점수를 부과하고 있다. 따라서 재산이 많을수록 보험료를 적게 내는 역진적 특성이 있다.

건강보험과 관련하여 보험재정에 대한 우려가 상당히 크다. 이러한 문제점의 해결 방안 중 하나는 건강보험료 부과체계의 개선이며, 특히 고소득자에 대한 보험료 인상 방안이 필요하다는 지적이 계속되고 있다. 앞서 본 바와 같이 지역가입자와 직장가입자의 정확한 자산과 소득에 대한 보험료 부과체계가 마련되지 못해 보험료 부담의 형평성에 대한 시비는 끊임없이 제기될 것이다. 모든 사회보험은 재정적 지속 가능성과 보험료 부담·급여 형평성(소득재분배)이라는 정책적 목표를 가지고 있다. 그러나 합리적인 보험료 부과체계와 급여체계가 마련되지 않는다면 두 가지 목표를 모두 잃어버릴 가능성이 크다.

3. 공공부조제도의 특성

1) 공공부조제도의 개념

공공부조는 일정한 생활 수준 이하에 있는 사람들의 생존을 보장하기 위하여 국가가 일방적으로 지원하는 사회보장제도이다.

한국의 공공부조제도는 국민기초생활보장제도와 의료급여제도가 있다. 가입자가 납부한 보험료의 일부가 가입자 자신에게 지급된다는 점에서 사회보험은 보험료 납부를 조건으로 혜택을 받는 제도이지만, 공공부조는 그러한 조건이 수반되지 않는다. 이런 점에서 사회보험과 공공부조는 큰 차이가 있으며, 보험료 납부와 같은 조건 없이 일정한 생활 수준이나 소득 수준 이하인 대상자들에게 지급한다는 점에서 '일방적 급여'라는 특성이 있다.

따라서 도움을 필요로 하는 개인이 일정한 생활 수준이나 소득 수준에 해당되는지 여부를 판단하기 위한 자산조사(means test) 혹은 소득조사(income test)가 필요하다. 자산조사는 공공부조제도 시행에 있어 급여 대상자인지 여부를 판단하는 기준이 된다. 소득을 포함하는 재산을 모두 조사한다는 의미에서 자산조사라는 용어를 사용한다.

보편주의 복지에 대한 반대 입장에서는 일정한 생활 수준 이하인 계층만을 도와주는 것이 진정한 사회복지의 취지에 부합한다는 점을 강조한다. 그런데 '일정한 생활 수준'이 어느 정도인지를 결정하는 것은 매우 어려운 문제이다. 객관적인 판단 기준이 존재하지 않는 가치 판단의 문제이기 때문에 '기준선'을 놓고 논쟁이 발생한다. 또한 국가가 개인에게 일방적으로 지급하는 공공부조의 재원은 일반 국민들이 납부하는 세금이다. 공공부조를 비롯한 선별주의 복지제도 운영과 관련하여 항상 '비용을 부담하는 자'와 '혜택을 받는 자' 사이에 갈등이 수반된다. 종종 국민기초생활보장제도 수혜자들의 비도덕적 행태나 부정수급 사례가 언론을 통해 보도되곤 한다. 그러한 행태나 사례가 마치 모든 공공부조 대상자들의 문제인 것처럼 확대 해석되어 공공부조제도가 비판받는 현상은 선별주의 복지제도를 둘러싼 복잡한 이해관계의 갈등을 보여 준다.

2) 국민기초생활보장제도

국민기초생활보장법에 따라 '가구'의 '소득인정액'이 중위소득의 일정 비율 이하인 경우에 지원을 하는 제도가 국민기초생활보장제도이다. 소득인정액은 소득평가액과 재산의 소득환산액을 합산하여 산출하게 되며, 급여 종류에 따라 중위소득의 일정 비율 이하인 경우에 급여를 제공한다. 자산조사가 바로 소득인정액을 조사하는 것으로서 한 가구의 소득과 재산(부동산, 동산 등)을 조사하는 것이다. 소득과 재산의 소득환산액을 모두 조사하여 그 금액이 중위소득의 일정 비율 이하인 경우에 생계급여(중위소득의 30%), 주거급여(중위소득의 43%), 의료급여(중위소득의 40%), 교육급여(중위소득의 50%)를 가구의 상황에 따라 각각 지원한다(2018년 기준). 이른바 맞춤형 급여라고 불린다.

예를 들어, 중학생 자녀가 있는 3인 가구의 소득인정액이 80만 원인 경우 당해 연도의 3인 가구 중위소득이 180만 원이라고 가정해 보자.[36] 이 가구는 중위소득 50%인 90만 원에 미달하여 교

36 매년 국민의 평균소득이 변화하듯이 중위소득액도 변동되며 매년 복지부는 중위소득액 기준을 발표하고 있다.

육급여를 지급받지만, 다른 급여는 지급받지 못한다. 즉, 54만 원 이하여야 생계급여를 수령하게 된다.

한국의 기초생활보장제도는 소득인정액 기준 외에 '부양의무자' 기준을 추가적으로 요구한다. 부양의무자는 수급권자의 1촌 이내의 직계혈족(부모, 자녀) 및 그 배우자를 의미한다. 부양의무자 기준을 충족하려면 부양의무자가 없거나, 있어도 부양능력이 없는 경우 또는 부양능력이 미약한 경우, 부양의무자로부터 부양을 받을 수 없는 경우여야 한다. 예를 들어 근로활동을 하고 있는 아들을 둔 독거노인이 아들로부터 경제적인 지원을 거의 받지 못해 폐지를 주워 생활하고 있다고 가정해 보자. 이 경우 노인의 부양의무자인 아들에게 소득이 있기 때문에 노인은 국민기초생활보장 수급자가 될 가능성이 낮아진다. 수급을 받으려면 아들과의 관계가 거의 단절되었다는 것(부양을 받을 수 없다는 것)을 적극적으로 증명해야만 한다는 점에서 우리나라 정서상 수급자 신청 자체를 포기하는 노인들도 상당수이다. 이런 측면에서 부양의무자 기준에 대한 비판이 적극적으로 제기되었고 향후 부양의무자 기준을 완화·폐지할 계획이다.[37]

---

37 문재인 정부 100대 국정과제에서 주거급여는 2018년부터 부양의무자 기준을 폐지하고, 생계·의료급여는 소득재산 하위 70% 중 노인·중증장애인이 포함된 가구에 대한 부양의무자 기준 적용을 제외하겠다는 계획을 제시하고 있다.

보충성의 원리와 기초연금

소득이 낮은 사람에게 제공하는 공공부조는 보충성의 원리가 적용된다. 즉, 다른 형태의 소득 원천이나 다른 방식의 소득 지원이 가능하다면 우선 이를 통해서 소득을 지원하고, 그럼에도 소득이 부족한 경우에 공공부조제도를 통해 지원한다는 것이다.

예를 들어, 부양의무자도 없고 소득도 없는 노인은 기초연금 수급자가 될 가능성이 높다. 그런데 기초연금을 받는 노인은 국민기초생활보장제도의 보충성의 원리에 따라 생계급여 전액을 받지 못하고, 수령하고 있는 기초연금액을 제외한 차액만을 생계급여로 받게 된다. 결국 기초연금제도는 저소득 빈곤노인들에게 도움이 되지 못하는 상황이 되어 많은 비판을 받고 있다.

4. 사회수당과 기본소득

1) 사회수당의 개념

공공부조와 사회보험은 각각 장단점이 있다. 공공부조는 자산조사를 통해 한정된 집단에게만 지원을 하기 때문에 공공부조의 수급자가 된다는 것이 권리로 인식되기보다는 '수급자=무능력자' 라고 낙인을 찍는 결과를 가져온다. 반면 사회보험은 전 국민을 대상으로 하지만 가입자의 소득 수준에 비례한 급여로 인해 소득재분배 효과가 공공부조만큼 크지 않다.

사회수당(social allowance)은 두 제도를 절충함으로써 각 사회보장제도의 단점을 보완하기 위한 것이다. 일정한 인구학적 기준에 해당되면 자산조사 없이 국가가 일방적으로 급여를 제공하는 제도이다. 아동, 노인 등의 일정한 인구학적 집단이나 장애, 실업 상태와 같은 특정 집단에 해당되면 대상자의 자산조사 절차를 거치지 않고 모든 사람들에게 현금급여를 제공하는 것이 사회수당이다. 데모그란트(demogrant)라는 용어를 사용하기도 한다.

사회수당은 일정한 기준(집단)에 해당되면 자산조사 없이 보편적으로 제공한다는 점에서 사회보험의 속성을, 기여금이라는 사전적 조건 없이 국가가 일방적으로 지급한다는 점에서 공공부조의 속성을 갖고 있다. 유럽 국가들에서 보편적으로 시행되고 있는 아동수당(혹은 가족수당), 노령수당, 장애수당, 실업수당, 질병수당 등이 이에 해당된다.[38]

최근 우리사회도 사회수당제도를 도입하고 있다. 모든 노인에게 지급되는 것은 아니지만 소득 하위 70%의 노인에게 지급되는 기초연금도 일종의 사회수당제도라고 할 수 있다. 경증의 장애인에게 지급되는 장애수당 및 중증 장애인에게 지급되는 장애인연금, 3~5세 유아에 대한 보육료 지원, 0~5세 영·유아에 대한 양육수당이 사회수당에 해당된다.

몇 년 전부터, 일부 지방자치단체에서 청년실업에 대한 대안으로 청년수당과 유사한 제도를시행하고 있다. 서울시의 청년활동지원사업과 성남시의 청년배당사업이 일종의 사회수당과 유사한 제도로 시행되고 있다. 물론 이 두 제도는 지원대상의 선별성과

---

38 문재인 정부는 아동수당 10만 원을 지급할 것을 100대 국정과제로 제시하였고, 2018년부터 지급할 예정이다.

현금이 아닌 상품권을 지급한다는 점에서 순수한 의미의 사회수당이라고 보기는 어렵다. 하지만 일정한 욕구가 존재하는 집단에 대해서 자산조사 없이 급여를 제공한다는 점에서 사회수당의 특성을 가진다.

2) 기본소득의 개념과 논쟁

최근 논의되고 있는 새로운 사회복지제도로는 기본소득(basic income)이 있다. 기본소득은 근로의사·근로 여부와 상관없이, 소득 수준과도 상관없이 모든 사회 구성원에게 균등하게 현금을 지급하는 것이다. 기본소득의 아이디어는 기본적인 생활이 가능하도록 모든 구성원들에게 동일한 급여를 지급함으로써 최소한의 생활을 보장하자는 것이다.

국가가 사회 구성원에게 일방적으로 지급한다는 점에서 공공부조와 유사하지만, 공공부조는 근로 여부나 소득 수준을 고려하여 선별적으로 지급한다는 점에서 두 제도는 차이가 있다. 또한 사회보험제도가 근로활동과 근로소득을 중심으로 운영되는 제도라는 점에서 근로의사·근로 여부를 고려하지 않는 기본소득과 차이가 있다. 따라서 기본소득은 노동의 대가인 소득을 중심으로 운영되고 있는 전통적인 사회보장제도 프레임과는 완전히 다르다. 즉, 전통적인 복지급여 및 복지제도의 관념과 배치되는 것으로서 상당히 획기적인 주장이라 할 수 있다.

기본소득은 자본주의 경제체제의 일자리 감소에 대한 대안으로 제시되고 있다. 현대 자본주의 경제는 지속적으로 성장하고 있지만 '고용 없는 성장(jobless growth)'의 특성을 보이며 경제성장이 일자리 확대로 이어지지 않고 있다. 특히 최근 인공지능, IoT, 빅데이터 등이 발전하는 4차 산업혁명 시대에 일자리 감소가 더욱 가속화될 것으로 예측된다는 점에서 새로운 사회적 '분배방식'에 대한 고민이 필요하다. 과거의 사회보장제도는 대다수의 국민이 노동시장에 참여하고 노동소득을 벌어들이며 세금과 사회보장기여금을 납부하여 이를 바탕으로 복지를 제공하는 방식이었다. 20세기 초·중반에 작동한 근로와 복지를 중심으로 한 부의 분배방식이 더 이상 사회 구성원의 삶을 보장하기 어렵다는 고민으로부터 제안된 것이 기본소득이다.

서구에서는 기본소득에 대한 논의가 상당히 오래전부터 진행되어 왔으며, 우리나라에서도 2017년 5월 시행된 제19대 대통령 선거에서 정의당 후보의 공약으로 기본소득제 시행이 제시된 바 있다. 기본소득제 시행이 다소 진보적인 주장이라는 점에서 좌파에서만 주장하는 것으로 오해할 수 있지만, 일자리 감소로 인한 사회 전체의 소비력 감소가 국가 경제의 위기로 이어질 수 있다는 점에서 우파에서도 기본소득의 필요성을 주장하고 있다.

보편주의 복지에 대한 비판과 동일한 쟁점들이 기본소득에 대해서도 제시되고 있다. 일하지 않는 사람들에게까지 현금을 지급하게 된다면 근로의지의 약화를 가져올 것이라는 점과 모든 국민에게 지급하기 위해서는 막대한 비용이 소모될 것이라는 점이다. 이에 대해 각종 복잡한 복지제도의 폐지 및 단순화에 따라 행정비용을 절감할 수 있을 뿐만 아니라 기본소득 시행에 따라 축소되는 복지사업의 예산으로 비용을 충당할 수 있다는 반론도 제기되고 있다.

기본소득 시행에 대해 "월스트리트 저널에서는 '중앙은행이 시중에 뿌리는 헬리콥터 머니'라는, 파이내셜 타임즈는 '뱀에게 먹잇감으로 던져주기 위해 개구리를 더 살찌우는 격'이라는 조롱 섞인 비판이 있었다."[39] 하지만 기본소득에 대한 논의는 이론적 논쟁으로만 그치지 않고 실제 사회적 실험이 지속되고 있다.

아프리카의 나미비아에서는 2008년부터 2009년까지 기본소득 실험사업이 시행되었다. "저임금 농업노동자가 다수인 오치베라 오미타라 마을 주민 930명에게 매달 100나미비아달러(한화 약 15천 원)를 지급했다. 이 액수는 나미비아 최저생계비의 4분의 1 정도다."[40] 그 결과 가난한 사람들에게 현금을 주면 돈을 낭비할 것이라는 우려와 달리, 기본소득을 활용하여 자립하려는 노력을 함으로써 주민들의 가계소득이 증가하고 실업률이 감소하였다. 기본소득이 새로운 경제적 자립에 필요한 마중물 역할을 한다는 것을 보여 준 실험이었다. 이에 대해 이러한 효과는 단기적인 결과였으며, 장기적으로는 효과가 상쇄되어 버린다는 반론도 제기되고 있다.

천연자원이 풍부한 미국의 알래스카 주는 1976년 천연자원 수출로 조성된 금액을 활용하여 주 정부에서 기본소득 형식으로 주

---

39 『경향신문』, 2016년 6월 15일 자 칼럼 「최저임금과 기본소득을 위한 변론」 중에서.
40 오준호(2017), 『기본소득이 세상을 바꾼다』, 개마고원, p. 79.

민들에게 일정액의 현금을 지급하는 제도를 이미 시행하고 있다. 한편 스위스에서는 2016년 6월, 1인당 약 2,500스위스 프랑(한화 약 300만 원)을 지급하는 안에 대한 국민투표가 시행되었다. 2016년 스위스의 최저생계비는 2,219스위스 프랑으로, 한화로는 약 268만 원이다. 최저생계비를 약간 상회하는 수준의 소득을 지급하는 안이었지만 76.9%의 반대로 부결되어 스위스의 기본소득은 시행되지 못하였다. 핀란드에서는 2017년 1월부터 2,000명을 무작위로 선발해 월 560유로(약 70만 원)를 지급하는 기본소득 실험을 시작하였다. 핀란드의 실험이 실업률 감소, 소득 증대, 소비력 향상의 결과를 가져올 것인지 귀추가 주목되고 있다. 이 외에도 네덜란드의 4개 도시가 기본소득 실험을 준비하고 있다.

과연 기본소득이 완전고용 시대가 저물고 '고용 없는 성장' 시대로 접어든 현재의 자본주의 경제발전 단계에서 일자리 감소의 대안이 될 것인가? 기본소득을 둘러싼 논쟁의 핵심은 바로 인간 본성에 대한 것이다. 자신의 노력과 상관없이 소득이 주어지면 더 이상 노력하지 않는 베짱이가 될까? 아니면 기본 소득을 이용해 더 열심히 일을 해서 소득을 더 늘리는 개미가 될까? 과연 보편적 복지의 핵심이자 최종 목적지라고까지 평가되는 기본소득제는 시행 가능할 것인가?

제7장 · 사회복지의 대상자: 보편주의와 선별주의

1. 무상복지 논쟁

2030년대 국가재정 파산, 2040년대 잠재성장률 1%대 진입, 2050년대 인구경쟁력 세계 최하위, 2060년대 잠재성장률 0%대 진입. 한국의 미래에 대한 전망치들을 모아 놓은 것이다. 이들 전망치만 보면 우리의 미래는 암울하다. 저출산과 고령화, 양극화 등 사회문제들이 우리의 발목을 잡고 있다. 이러한 사회문제를 완화하기 위해서는 사회복지가 확충되어야 한다는 주장이 제기되지만 사회복지의 재원을 확보하기가 쉽지 않은 상황이다.

선거 때마다 항상 복지가 화두가 되곤 했다. 그리고 유력 정치인들의 정책 결정이나 정책 시행은 무상복지 논쟁을 초래했다. 그 논쟁의 중심에는 공짜, 퍼주기 식의 복지는 복지포퓰리즘이며 망국에 이른다는 논리에서부터, 현재와 같은 사회적 위기의 해결책으로서 보편적 복지의 확대가 꼭 필요하다는 논리에 이르기까지 양극단의 논리가 이념전을 벌이고 있다. 각 정치진영의 이념적

프레임에 의해 복지가 무상복지가 되고, 무상복지는 각자의 프레임에 의해 곡해되었다.

무상복지라는 말의 시초는 2010년 6·2 지방선거에서 당시 경기도교육감 김상곤 후보의 '무상급식' 공약에서 비롯되었다. 김 후보가 의무교육 대상자인 초등학생과 중학생 모두에게 무상급식을 시행하겠다는 공약을 제시한 것이다. 또한 2012년 제18대 대통령 선거를 앞두고 민주통합당은 무상급식, 무상보육, 무상의료, 대학생 반값 등록금(3무 1반)을 주요 공약으로 제안하였고, 당시 새누리당 후보도 무상보육, 무상교육을 공약으로 제시하면서 무상복지라는 용어가 일반화되었다.

왜 복지가 '무상'복지가 되었을까? 필자는 복지에 무상이라는 것은 없다는 점에서 이 용어 자체에 문제가 있다고 생각한다. 그럼에도 무상복지라는 용어가 우리 사회에서 보통명사처럼 사용되고 있다. 복지는 주로 세금과 사회보험료를 재원으로 운영된다. 복지 논쟁에 자리 잡고 있는 무상급식이나 무상보육은 세금을 재원으로 운영된다. 지금 당장 이용료를 내지 않기 때문에 무상이라는 단어를 사용하였는지 모르지만, 무상복지란 단어는 성립하지 않는다. 단지 부담의 차이가 있을 뿐이다. 나는 세금을 냈으나 혜택을 못 받고, 내가 낸 세금으로 전혀 세금을 부담하지 않은 누군가가 혜택을 받으니 그 사람들에게 무상으로 주는 것이라는 의미에서 무상복지라는 용어를 사용했을 가능성이 높다. 그러나 세금을 납부하고 그 세금의 혜택으로 급식비를 면제받는 것이라면 무상급식이라는 용어는 맞지 않는다.

학교급식의 경우, 무상급식 논쟁 이전부터 일정한 소득 수준 이하 계층의 자녀들에게는 급식비가 면제되어 왔다. 선별적 복지 형태로 일정한 학생들에게만 급식비를 면제해 주는 것은 복지이고, 보편적 복지 형태로 모든 학생들이 급식비를 면제받으면 무상복지라고 하는 것이 적절한 표현인지 의문이다. 복지 논쟁과 관련하여 무상복지라는 용어는 복지에 대한 편견과 오해를 초래하도록 만들었다. 반(反)복지 정서를 가진 집단에서는 무상복지를 정쟁의 대상으로 활용하고, 국민의 다수는 무상복지를 공짜, 퍼주기, 질 낮은 획일적 서비스로 이해하고 있다.

유럽 국가들의 경우 복지는 진보와 보수의 정쟁 대상이 아니다. 한 사회 구성원들의 삶의 질을 향상시켜 행복한 삶을 살아가도록 만드는 수단이다. 무상복지와 관련하여 우리 사회에서 벌어졌던 복지 논쟁은 새로운 대안을 제시함으로써 사회문제를 해결하기보다는 이념과 세대, 집단 간의 갈등만 조장한 측면이 더 크다.

복지 재원과 관련하여 또 하나의 논쟁거리는 부자증세이다. 부자증세는 특정 계층만 복지 재원을 부담하도록 해야 한다는 의미가 강하다. 일부에서 주장하는 부자증세도 복지 재원을 확보할 수 있는 하나의 방안으로서 단기적인 처방이 될 수 있지만, 장기적으로 부자증세는 정치적 저항에 부딪힐 가능성이 높다. 사안의 성격이 약간 다르기는 하지만 노무현 정부 시절에 추진되었던 종합부동산세가 이명박 정부에서 폐지된 것과 같이 특정 계층에만 부과되는 세금은 정치적인 저항이 크고 장기적으로 유지되기 어렵다. 그런 면에서 우리 사회에서 벌어지고 있는 무상복지와 부자증세 논쟁은 오히려 복지의 확대보다는 그렇지 못한 결과를 초래할 가능성이 높다. 이하에서는 복지 논쟁의 핵심적 주제라 할 수 있는 선별주의와 보편주의에 대해 설명하였다.

2. 선별주의

1) 선별주의의 개념

선별주의는 자산조사를 통해 한정된 집단이나 특정 계층만을 복지 대상자로 하는 것을 의미한다. 선별주의제도의 핵심은 바로 '자산조사(means test)' 혹은 '소득조사(income test)'이다. 자산조사를 통해서 사회적인 도움이 필요하다고 확인된 사람에게단 선별적으로 혜택을 주는 것이다. 따라서 복지서비스의 수혜자(급여 대상자)와 비용 부담자가 구별된다. 일반적으로 공공부조제도는 선별주의로 운영되며, 한국의 국민기초생활보장제도가 선별주의 복지의 대표적인 예이다.

2) 선별주의의 장점

선별주의는 다음과 같은 장점이 있다. 첫째, 자산조사를 통해 사회적으로 도움이 필요한 것으로 입증된 사람에게만 도움을 주기 때문에 경제적 효율성이 높다. 모든 사람을 도와줄 수 있는 자원을 가지고 도움이 꼭 필요한 사람에게 혜택을 제공함으로써 복지 재원을 더 효율적으로 사용할 수 있다고 본다. 둘째, 보편주의는 무상이라는 인식 때문에 서비스나 급여를 과잉 소비함으로써 자원의 낭비를 가져올 가능성이 높지만, 선별주의는 자원을 절약할 수 있다. 셋째, 사회복지의 중요한 목적 중의 하나는 소득재분배인데, 보편주의는 지원이 필요 없는 사람들에게도 급여를 제공함으로써 소득재분배라는 목적 달성에 오히려 역효과를 준다. 이런 면에서 선별주의가 사회복지의 이념인 소득재분배에도 더 부합된다. 모두 똑같은 혜택을 받으면 소득재분배를 통한 불평등의 해결 또는 완화라고 하는 사회복지의 목적을 달성하기 힘들지만 선별주의제도는 빈부 격차를 줄임으로써 소득재분배의 정도가 높다. 넷째, 보편주의에서의 관대한 복지급여는 국민들의 근로의식을 약화시키고 국가에 대한 의존성을 강화할 위험성이 있다. 하지만 선별주의에서는 급여 자격 및 급여 수준의 엄격함과 까다로움으로 인해 국가에 대한 의존성이 약화된다.

3. 보편주의

1) 보편주의의 개념

국민이라면 누구나 기본적으로 누려야 할 권리가 있다는 이념을 바탕으로 하여 전 국민이 복지 대상자가 되는 것이 보편주의이다. 보편주의에서는 누구나 사회적 위험에 빠질 가능성이 있기 때문에 사회복지의 대상자를 구별하지 않고 전 국민을 복지서비스의 대상자로 한다. 의료, 교육과 같이 삶을 유지하는 데 필수적인 것들은 소득에 관계없이 모든 국민이 혜택을 받도록 해야 한다고 본다. 보편주의에서는 사회복지서비스를 이용하는 것을 하나의 권리(사회권)로 인식하기 때문에 사회적 위험에 대해서 특별한 자격을 제한하지 않고 급여를 제공한다. 예를 들어 전 국민을 대상으로 하는 사회보험제도, 모든 아동을 대상으로 하는 의무교육제도가 보편주의제도에 해당된다.

2) 보편주의의 장점

보편주의는 다음과 같은 장점이 있다. 첫째, 사회적 낙인의 문제가 약화된다. 보편주의에서는 서비스 수혜자와 비용 부담자를 구별하지 않기 때문에 구별에 따른 사회적 낙인의 문제가 생기지 않는 장점이 있다. 수혜자와 부담자를 구별하게 되면 수혜자들은 수치심과 좌절감을 느끼게 되고 비용 부담자, 즉 도와주는 사람은 우월감이 생긴다. 이러한 구별에 따른 사회적 낙인의 문제가 보편주의에서는 완화된다. 선별주의에서는 서비스 이용과 비용 부담에 따른 사회적 낙인과 사회적 구별의 문제가 제기된다. 주는 사람과 받는 사람을 구별하게 되면 받는 사람 입장에서는 수치심으로 인해 절망감을 느끼고, 국민 간의 불화와 반목을 초래하여 사회적 결속력을 저하시킬 수 있는데, 그것을 방지할 수 있는 것이 보편주의의 장점이다.

둘째, 경제상황이나 정치적 타협에 의해 복지급여 수준이 결정되는데 경제상황이 좋지 않은 경우, 도와주는 사람이 '나도 어려운데 나는 국가로부터 이런 혜택을 못 받으면서 내가 왜 도와주어야 하는가'라는 생각을 하게 된다. 이러한 판단을 하는 국민들이 많아지게 되면 복지제도에 대한 정치적 지지를 철회하고 복지제도를 둘러싼 사회 구성원들 간의 갈등이 초래될 우려가 있다. 반면에 보편주의는 사회적 낙인의 해결, 사회적 연대의 강화 등과 같은 사회적 효과성을 갖는다. 셋째, 보편주의에서는 서비스 이용에 대한 행정절차가 단순하다. 선별주의에서는 서비스를 이용하기 위해서는 여러 가지 행정적인 절차를 통해 자신의 욕구를 증명해야 한다. 하지만 보편주의에서는 간단한 절차를 통해 서비스 급여를 받을 수 있다는 점에서 이점이 있다.

보편주의에서는 복지제도의 대상자가 전 국민이 되기 때문에 일반적으로 국민들의 정치적 지지를 받는 경향이 있다.[41] 일반적으로 보편주의하에서는 전 국민의 지지에 따른 안정된 복지제도의 운영이 가능하여 국민 개개인이 자신의 삶을 계획하거나 기회를 선택하는 데 있어서 복지가 실질적인 도움이 된다. 복지제도가 수시로 변경되거나 복지급여 수준이 불안정하다면 시행되고 있는 복지제도가 실질적으로 국민들의 안정적인 삶에 긍정적인 영향을 미치기 어렵다.

41 이 설명은 한국의 경험에 국한해서 이해한다면 부적절한 측면이 있다. 높은 수준의 복지를 시행하고 있는 국가들의 경우가 그렇다고 할 수 있다.

4. 보편주의와 선별주의 각각의 주장에 대한 반론

1) 경제적 효과성 대 사회적 효과성

보편주의는 선별주의가 강조하는 경제적 효과성에 대해 반론을 제기한다. 선별주의가 경제적 효과성이 높다고 주장하지만, 사회 전체적으로 장기적 측면에서 보면 보편주의가 경제적으로도 더 효과성이 높다고 선별주의 주장을 비판한다.

선별주의에서는 특정한 욕구에 대한 문제가 발생했을 때 문제 해결을 돕기 위해 복지서비스를 제공한다. 하지만 이렇게 사후에 개입하게 되면 그만큼 비용이 더 많이 들어가게 된다. 반면 보편주의에서는 예방적 조치를 취함으로써 사회 전체가 부담해야 하는 비용을 그만큼 절감할 수 있는 효과가 있다고 주장하는 것이다.

예를 들어, 감기에 걸려 폐렴으로 악화된 환자가 있다고 하자. 감기에 걸리기 전 면역력을 높이기 위하여 운동을 하고 비타민을 꾸준히 섭취하는 데 필요한 비용과, 폐렴의 치료비용 중 어느 것이 더 적게 들어갈까? 이와 같이 보편주의는 예방적 조치를 취함으로써 장기적으로 소요되는 비용을 줄이는 경제적 효과가 있다고 주장한다.

반대로 선별주의는 보편주의에서 상대적으로 장점이 있다고 주장하는 사회적 효과성을 다음과 같은 논거로 비판한다. 보편주의가 사회적 낙인의 약화, 사회적 통합의 증대와 같은 사회적 효과성에 장점이 있다고 주장하지만 소득재분배 측면에서 보면 오히려 선별주의가 더 효과성이 높다고 본다. 즉, 월 소득이 1000만 원인 근로자와 200만 원인 근로자가 있다고 하자. 예를 들어 서비스 비용이 10만 원인 심리상담서비스를 이용하는 경우에, 전자보다는 후자가 더 큰 경제적 효용을 느끼게 될 것이다.[42] 실질적인 소득재분배 효과를 더 크게 하는 것은 오히려 월 소득 1000만 원인 사람은 비용을 부담하도록 하고, 월 소득 200만 원인 사람은 비용을 면제해 주는 것이 타당하다는 것이다. 이와 같이 소득재분배라는 측면에서 보면 선별주의가 장기적으로도 더 효과성이 높다고 보편주의의 주장을 비판한다.

사회적 효과성에 비해 경제적 측면에서의 효과성은 구체적인 계량화나 측정이 가능하다. 하지만 사회통합 및 사회연대의 확대, 소득재분배 가치의 실현이라는 사회적 효과성의 내용들은 사회 구성원들의 인식과 태도와 관련된 문제로서, 경제적 효과성처럼 계량적인 평가가 어렵다. 예컨대, 중학생 무상급식을 모든 학생들에게 할 경우와 국민기초생활보장 수급자 및 차상위계층에만 할 경우에 소요되는 경제적 비용은 추정이 가능하고, 비교가 가능하다. 하지만, 전자와 후자 각각의 경우에 발생하는 사회적 비용이나 사회적 효용을 화폐 가치로 추정하기는 쉽지 않다. 그런 점에서 경제적 효과성은 우리가 쉽게 판단하기 좋은 면이 있지만, 사회복지는 단순히 경제적 기준과 잣대만으로 평가할 수 없다는 점에서 양자의 측면을 모두 고려할 필요가 있다.

---

42 서비스 질이나 효과는 동일하다고 가정한다면, 200만 원 소득자에게 10만 원의 가치가 더 크게 느껴질 것이다.

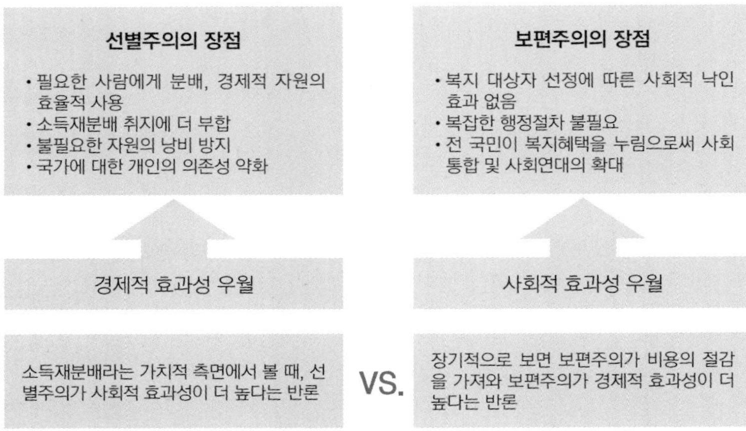

〈그림 7–1〉 선별주의와 보편주의 비교

2) 보편 vs. 선별: 개념의 이해

우리 사회에서 무상급식, 무상보육 등으로 인해 보편주의와 선별주의 논쟁이 한동안 뜨거웠으며 그 논쟁은 여전히 진행 중이다. 복지의 토대가 약한 사회일수록 보편주의제도 도입에 대한 비판과 문제 제기는 더욱 격화될 가능성이 높다. 우리 사회의 복지 논쟁을 보면 이러한 경향성이 강하게 나타나고 있다.

보편주의와 선별주의는 개념적인 차원의 이념형(ideal type)이다. 우리나라 사회복지제도가 선별주의제도라고 해서 모든 복지제도가 다 그렇다는 것은 아니며, 스웨덴의 복지제도가 보편주의제도라고 해서 모두 그렇다는 것은 아니다. 한국에서도 스웨덴에서도 공공부조는 선별주의제도이며, 사회보험은 보편주의제도이다. 하지만 동일한 사회보험제도라 하더라도 국가에 따라 보편주의적 성격이 혹은 선별주의적 성격이 강하게 나타난다는 차이점이 있다. 전반적으로 한국은 선별주의적 성격이, 스웨덴은 보편주의적 성격이 강한 특성을 보이는 것으로 이해해야 한다. 보편주의와 선별주의를 이분법적인 제도로만 이해하는 것은 지나친 단순화이다.

제8장 · 사회복지의 재원과 지출

사회문제가 발생하고 그에 따라 사회복지를 확대해야 한다는 논쟁이 발생할 때마다 현재 한국의 소득 수준에서 사회복지 예산 지출이 너무 과다하다는 주장과, 우리 사회가 당면한 사회문제를 해결하기 위해서는 사회복지 예산 지출을 확대해야 한다는 주장이 대립되곤 한다. 또한 예산 지출을 확대하는 데 동의해도 그 방법과 재원 확보에 있어서는 다른 시각들이 있다. 정치적 공방의 주제였던 '증세 없는 복지', '부자증세' 논의가 바로 사회복지 확대를 위한 재원 마련과 관련된 것이다. 이러한 논쟁에는 공공 사회복지의 재원, 한국의 소득 수준, 조세체계, 국가재정, 공공지출 수준 등 다양한 주제가 연관되어 있다. 이 장에서는 과연 우리의 사회복지비 지출 수준은 어느 정도인가, 또 사회복지비 지출을 위한 재원은 어떻게 마련되고, 그와 관련된 이슈들은 무엇이 있는가에 대한 논의를 살펴보았다.

1. 한국의 사회복지 예산 현황

정부재정은 국가의 살림살이를 위한 정부의 수입(세입)과 지출(세출)을 의미한다. 정부 수입은 조세와 조세외 수입으로 구성되며 대부분의 정부 수입은 조세를 통해 마련된다. 정부는 거둬들인 조세와 조세외 수입을 지출함으로써 자원배분·소득재분배·경제안정화 등의 기능을 수행한다. 정부 예산(안) 중 사회복지 분야의 지출은 2014년 이후 100조 원이 넘었으며, 2016년 123조 원(정부 총예산 386.7조 원), 2017년 130조 원(정부 총예산 400.7조 원), 2018년 146.2조 원(정부 총예산 429조 원)으로 꾸준히 증가하고 있다.

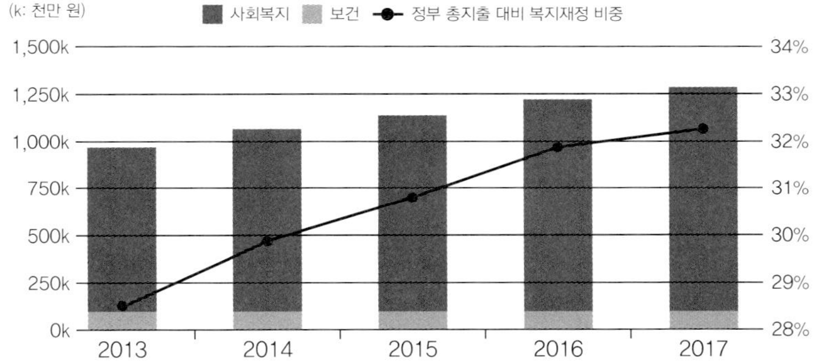

〈그림 8-1〉 사회복지 예산 추이

출처: 국회예산정책처 홈페이지 중 재정통계[43]

43 http://stat.nabo.go.kr/fn03.

〈그림 8-2〉를 보면 2018년 사회복지 지출 예산 144.7조 원 중에는 보건·복지·노동·일자리·주택 등의 분야가 포함되어 있다. 정부재정 예산의 약 1/3이 복지 예산으로 투입되고 있다는 것은 그만큼 국가가 사회복지에 많은 자원을 투입한다는 뜻이다. 하지만 이에 대해 경제성장이나 다른 부분에 투입되어야 할 자원이 제약된다는 이유를 들어 복지 예산 증가에 대해 비판적인 시각도 있다. 더구나 국가채무가 증가하고 있는 상황에서 경제성장에 도움이 되지 못하는 사회복지 분야에 많은 국가자원을 투입하는 것은 국가채무를 더욱 악화시키고 복지병만 증가시킨다는 점을 비판적인 시각에서 강조하고 있다.

이와 같이 복지 예산이 지속적으로 증가하고 있으나 여전히 복지사각지대가 존재하고, 사회적 도움을 필요로 하는 사회적 취약계층의 복지수요는 해결되지 못하고 있다. 사회복지 예산의 구성과 지출항목에 대해 알지 못하는 상태에서, 복지 예산이 100조 원이 넘었다는 내용의 뉴스를 접하게 되면 사람들은 사회복지 예산이 도움을 필요로 하는 사람들에게 제대로 사용되지 않고, 쓸데 없는 복지 지출로 인해 정부재정 적자만 가중시키는 것으로 인식하게 된다.

그러나 [표 8-1]에 나타나듯이 노동, 보훈, 주택, 건강보험지원(공단 운영)에 상당 부분의 복지 예산이 사용되고 있다. 노동과 주택 분야를 합하면 복지 예산의 약 30%에 해당되며, 가장 높은 비율을 점하고 있는 것은 공적 연금 지출이다. 공적 연금은 공무원·군인·사립학교 교원 등의 노후 보장을 위한 연금(특수직 연금)을

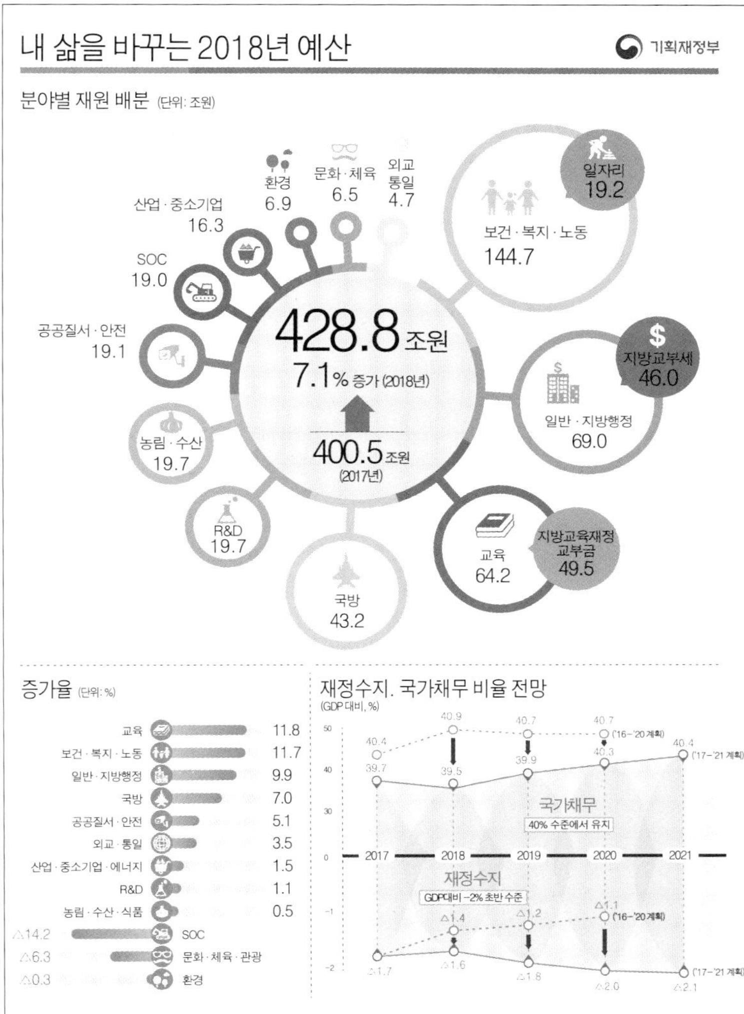

〈그림 8-2〉 2018년 예산(안)

출처: 기획재정부 홈페이지 미디어 자료[44]

44 http://www.mosf.go.kr/nw/mosfnw/infograp.

의미하는데, 공적 연금 지출액이 세금으로 충당되면서 복지재정 지출이 상당히 많은 것으로 느껴지는 일종의 착시효과를 가져온다. 복지사각지대나 사회적 취약계층에 지원되는 복지 지출은 전체 보건복지 예산의 10% 수준이다. 그럼에도 한편에서는 우리나라가 복지병을 유발한 정도의 복지 지출을 하고 있고 심각한 사회문제를 가져올 것처럼 주장한다.

[표 8-1] 보건·복지·노동 분야 재정 규모 추이

(단위: 억 원, %)

	2013	2014	2015	2016	2017	연평균 증가율
분야별						
사회복지	886,736	972,051	1,052,815	1,128,656	1,191,272	7.7
보건	87,293	92,336	104,009	105,339	103,558	4.4
부문별						
기초생활보장	85,604	88,310	94,773	101,311	104,904	5.2
취약계층 지원	16,269	17,987	23,688	24,989	26,082	12.5
공적 연금	331,382	364,031	396,612	427,062	449,930	7.9
보육·가족·여성	45,200	57,156	54,278	57,654	59,225	7
노인·청소년	44,643	65,619	90,362	94,210	98,013	21.7
노동	138,906	144,588	155,162	172,950	182,653	7.1
보훈	43,152	44,576	46,376	48,181	49,754	3.6
주택	174,733	182,343	183,867	194,381	212,421	5
사회복지일반	6,847	7,440	7,697	7,917	8,290	4.9
보건의료	19,513	19,451	22,808	23,278	23,405	4.7
건강보험 지원	65,131	69,665	77,442	77,860	75,811	3.9
식품·의약품 관리	2,649	3,221	3,760	4,201	4,342	13.1
복지재정 합계(A)	974,029	1,064,387	1,156,824	1,233,995	1,294,830	7.4
정부 총지출(조 원, B)	342	355.8	375.4	386.4	400.5	4
정부 총지출 대비 복지재정 비중(A/B)	28.5	29.9	30.8	31.9	32.3	-

주: 본예산 기준　　출처: 보건복지부

2. 한국의 사회복지 지출 수준

1) OECD 국가의 사회복지 지출 현황

〈그림 8-3〉은 OECD 국가들의 'GDP 대비 공공사회복지 지출' 비율을 보여 주는데, 프랑스와 핀란드·덴마크·스웨덴 등 북유럽 국가의 공공지출 비율이 높다. 한편 한국의 2014년 사회복지 지출 예산은 GDP 대비 10.4%로서, 2007년 7.5%에 비해 상승폭이 크지만, OECD 평균의 절반 수준에 머물러 있다.

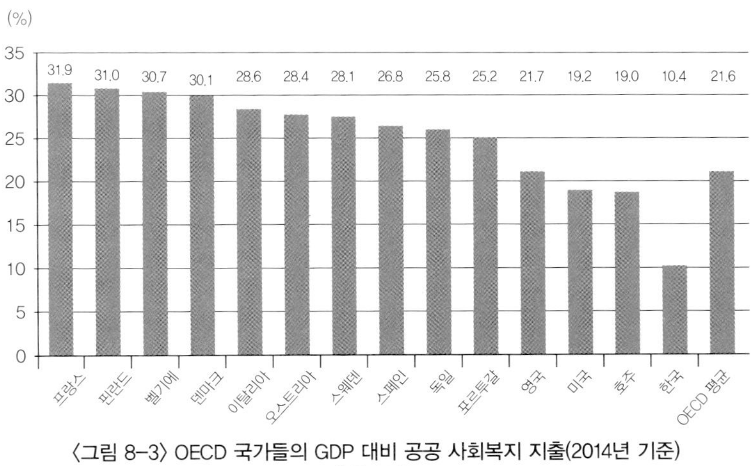

〈그림 8-3〉 OECD 국가들의 GDP 대비 공공 사회복지 지출(2014년 기준)
출처: OECD

〈그림 8-4〉는 유럽연합, 미국, 일본, 한국과 비슷한 수준을 보이는 멕시코의 공공 사회복지 지출을 1960년대부터 시계열로 보여 주고 있다. 유럽연합을 제외하고 미국, 일본, 한국은 OECD 평균에 미치지 못하는 낮은 수준의 복지 지출을 보이고 있어, 국

가의 경제력이나 경제 규모만으로 공공복지를 늘리는 것은 아니라는 점을 확인할 수 있다. 일본, 미국, 한국은 OECD 국가 중에서 공공복지 지출이 낮은 국가이다.

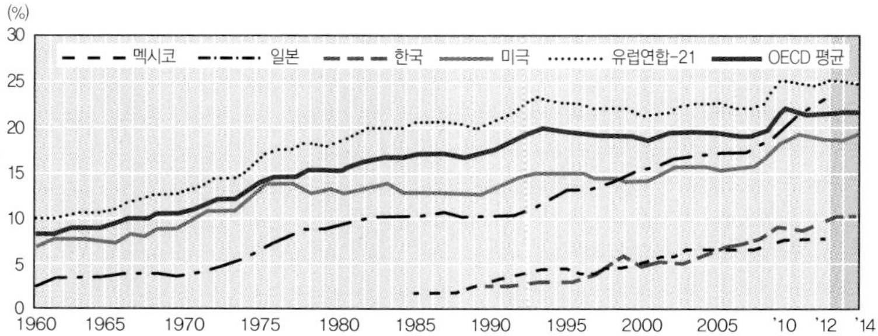

〈그림 8-4〉 OECD 국가들의 공공 사회복지 지출(시계열 추이)
출처: OECD[45]

2) 한국의 경제 수준을 고려한 사회복지 지출 수준

일부에서는 복지 지출이 높은 유럽 국가는 1인당 GDP가 높기 때문에 높은 수준의 복지 지출이 가능하다고 주장한다. 복지를 할 수 있는 재정적 여건이 가능하기 때문에 복지 지출 수준을 높게 할 수 있는 여력이 있다는 주장이다. 즉, 한국은 선진국들과 비교하여 경제력이나 1인당 GDP가 아직 복지 지출을 확대할 만큼의 상황이 아니라는 것이다. 그렇다면 복지선진국들이 1인당 국민소득이 우리와 유사한 수준일 때 어느 정도의 사회복지 지출을 하였는지를 비교하여 본다면 현재 우리의 공공복지 지출 수준에 대해서 간접적인 평가가 가능하지 않을까?

---

45 OECD(2014), "Social Expenditure Update"(November 2014), p. 2.

복지선진국들이 1인당 GDP 2만 달러를 달성한 시점을 기준으로 GDP 대비 사회복지 지출을 살펴보면, 스웨덴은 29.5%, 프랑스는 23.7%, 미국은 13.1%인 데 비해 한국은 7.5%에 불과했다. 1인당 GDP 3만 달러를 달성한 시점을 기준으로 살펴보면, 스웨덴은 30.2%, 프랑스는 29.0%, 미국은 15.4%였다. 한국은 1인당 GDP가 아직 3만 달러가 안 돼 정확한 비교가 어렵지만 지금으로서는 10%대에 불과하다. 이와 같이 소득 수준 달성 시점에 따른 국가의 복지 지출 비율을 비교한 결과, 현재 한국의 복지 지출이 소득 수준에 비해 높다고 평가하기 어렵다.

지금까지 살펴보았듯이 한국의 공공 사회복지 지출 수준은 OECD 평균 이하로서 OECD 국가들 중에서도 낮은 수준을 보이고 있다. 물론 한국이 처한 상황과 조건의 특수성으로 인해 무작정 복지 지출을 늘리는 것이 바람직한 것은 아니다. 그러나 한국의 경제 규모나 해결해야 할 사회문제를 고려할 때, 현재보다는 복지 지출의 확대가 필요하다. 그럼에도 우리 사회에서는 현재의 복지 지출 수준에 대해서도 상반된 평가가 나오고 있으며 여전히 그와 관련된 논쟁이 진행 중이다.

3. 사회복지 예산 확대 방안

1) 저부담-저복지의 한국

사회복지를 현재 수준에서 더 확대해야 하는지, 확대한다면 재원은 어떤 방식으로 확보할 것인지에 대한 의견이 갈리고 있다. 복지의 확대가 필요하다는 총론에는 동의해도 복지 재원 마련 방안의 각론에서는 시각차가 존재한다. 복지 예산을 확보하기 위해서는 그 재원이 중요한 만큼 재원의 문제를 복지 지출과 연계시켜 고민하는 것이 필요하다. 흔히 한국을 저부담-저복지 모형으로 규정한다. 즉, 복지 지출을 위한 부담 수준도 낮고, 복지 수준도 낮다는 의미다. 여기서 '부담'과 '지출'은 무엇을 의미하는지에 대해 살펴보자.

고부담-고복지, 저부담-저복지 그리고 중부담-중복지의 분류 방식은 학문적인 차원에서의 분류가 아니며, 한국의 복지 수준을 비교·평가하기 위해 OECD 국가들의 지출 수준과 부담 수준을 상대적으로 비교하여 유형화한 것이다. [표 8-2]는 GDP 대비 국민부담률과 사회복지 지출 비율을 보여 준다. 대체로 스칸디나비아형 국가들은 고부담-고복지 유형에, 앵글로색슨형 국가들과 한국, 일본은 저부담-저복지 유형에 해당한다.

국민부담률은 GDP 대비 조세 및 사회보험료의 비율윮 의미하는데, 조세와 사회보험료가 사회복지 예산의 주 재원이 된다는 점에서 국민부담률이 높다는 것은 국민들이 세금과 사회보험료를 많이 부담한다는 것을 의미한다. 한편 정부 재정 지출의 주된 재원이 조세라는 측면에서 GDP 대비 조세의 비율을 의미하는 조세부담률[46]도 자주 사용하고 있다.

---

46 국민들이 소득 중에서 얼마만큼을 세금으로 부담하는지를 나타내는 지표로, 한

[표 8-2] OECD 국가의 국민부담률 및 공공 사회복지 지출(2014년 기준)

국가		국민부담률	공공 사회복지 지출 비율
스칸디나비아 국가	덴마크	49.6	30.1
	핀란드	43.8	31.0
	노르웨이	38.7	22.0
	스웨덴	42.8	28.1
앵글로색슨 국가	미국	25.9	19.2
	영국	32.1	21.7
	호주	27.8	19.0
서유럽 국가	독일	36.6	25.8
	프랑스	45.5	31.9
	오스트리아	42.8	28.4
	벨기에	45.0	30.7
남유럽 국가	이탈리아	43.7	28.6
	스페인	33.8	26.8
	포르투갈	34.2	25.2
	그리스	35.8	24.0
아시아 국가	한국	24.6	10.4
	일본	32.0	23.1
OECD 평균		34.3	

출처: OECD

나라의 국내총생산(GDP) 또는 국민소득(GNI)에 대한 조세총액의 비율을 말한다.(기획재정부 홈페이지 중 시사경제용어사전)

[표 8-3]에서 조세부담률은 한국이 20% 정도인 데 비하여 OECD 평균은 25%로, 국민부담률은 한국이 25% 정도인 데 비하여 OECD 평균은 34%로 나타나고 있다. 한국은 복지 지출 수준도 낮고 조세부담률 및 국민부담률 수준도 낮다는 것을 알 수 있다.

[표 8-3] 조세부담률 및 국민부담률 변화 추이

구분		2005	2006	2007	2008	2009	2010	2011	2012
조세부담률	한국	18.9	19.7	21.0	20.7	19.7	19.3	19.8	20.2
	OECD 평균	26.1	26.5	26.3	25.6	24.5	24.6	-	-
국민부담률	한국	24.0	25.0	26.5	25.5	25.1	25.9	25.9	26.5
	OECD 평균	34.9	35.0	35.1	34.5	33.7	33.8	-	-

출처: 안종석(2013)[47]

2) 한국의 복지모형

우리는 저부담-저복지 모형을 유지해 왔으나 최근 들어 사회적 위험의 증가로 인한 복지 수준의 확대 필요성에 따라 복지 확대를 위한 재정 부담에 대한 논의가 제기되고 있다. 복지 수준은 확대하지만 부담의 증가 없이 하겠다는 이른바 '증세 없는 복지' 주장은 단기적으로 정책 간 우선순위 조정을 통해 복지 재원을 일부 마련할 수 있을지 모르나 현실적으로 재원 확보에 한계가 있을 수밖에 없다. 따라서 국민들의 부담 수준을 확대하여 사

47 안종석(2013), 「중장기 조세정책 방향에 대한 제언」, 한국조세재정연구원 중장기 조세정책 방향 공청회 자료, pp. 10~11.

회복지 수요에 대응할 필요가 있다. 그런 점에서 현재의 모형에서 새로운 모형으로의 이행이 요구되는데, 고부담-고복지 모형으로의 이행은 현실적으로 어렵다는 점에서 '중부담-중복지' 모형으로의 이행에 대한 논의들이 제기되고 있다.[48]

하지만 '중부담-중복지' 모형에 동의한다고 해도 부담과 지출 수준을 어느 정도로 해야 하는 것인지 명확하지 않다. 앞서 고부담, 중부담, 저부담의 분류는 경험적으로 현재의 복지국가들을 비슷한 수준의 국가로 유형화한 것으로, 객관적인 기준치가 있는 것은 아니다. 따라서 어느 정도가 중부담-중복지인지에 대한 판단은 복지와 경제를 이해하는 시각에 따라 달라진다.

또한 국민들도 복지 확대의 필요성에 대해서는 동의하지만 증세에 대해서는 부정적이라는 점에서 현재의 모형에서 새로운 모형으로의 이행이 쉽지 않다는 현실적인 제약도 있다. 복지 확대를 위해서는 증세(국민의 부담)가 불가피함을 국민들에게 알리고, 증세의 정도와 대상에 대해 사회적 합의를 이끌어 낼 필요가 있다.

3) 사회복지 재원: 조세

조세 정책은 복지제도와 같이 고려되어야 할 제도로, 소득재분배 기능에서 가장 큰 역할을 한다. 사회복지 재원으로서 조세의 비중과 역할이 크다는 점에서 조세에 대한 이해가 중요하다.

---

48 임현진(2015), 「한국 복지국가의 미래: 중조세-중복지를 위한 제언」, 『불평등 한국, 복지국가를 꿈꾸다』(이정우·이창곤 외), 후마니타스.

조세체계의 이해

세금의 부과는 납세자 개인의 능력에 따라 결정된다. 여기서 개인의 능력은 일반적으로 소득 수준으로 측정된다. 소득이 동일하다면 동일한 세금을 납부해야 하며, 고소득자는 저소득자보다 더 많은 세금을 내는 것이 일반적으로 조세 정의에 부합된다. 그러나 현실적으로 소득 수준에 따른 조세 부과는 크게 세 가지 방식이 있는데, 어느 것이 조세 정의에 부합하는지와 관련하여 많은 논란이 있다. 비례세율 방식은 개인의 소득 수준을 고려하지 않고 모든 사람에게 동일한 세율을 적용하는 것이다. 누진세율 방식은 소득 수준이 높을수록 세율도 높아지는 것으로, 고소득자가 저소득자보다 높은 세율을 적용받게 된다. 역진세율 방식은 누진세율 방식과 반대로 소득이 증가할수록 세율이 낮아지는 것이다.

또한 조세는 납세자와 담세자의 일치 여부에 따라 직접세와 간접세로 구분된다. 직접세는 소득과 자산에 대해 부과되는 세금으로서 소득세, 법인세, 상속세가 이에 해당된다. 간접세는 경제적 능력이 직접적으로 고려되지 않고 소득지출에 대해 부과되는 세금이다. 대표적인 간접세는 부가가치세이다. 부가가치세는 소득 수준과 상관없이 동일한 세금을 내기 때문에 역진적이다. 부자나 가난한 사람이나 동일한 세율로 내기 때문에 소득 수준이 낮은 저소득층의 부담 정도가 높다.

조세는 사용 용도에 따라 일반세와 목적세로도 구분된다. 특정한 사용 목적을 정해서 징수하는 목적세로는 교육세, 방위세가 있다. 또한 조세는 부과하는 주체에 따라 중앙정부가 징수하는 국세와 지방자치단체가 징수하는 지방세가 있다.

(1) 소득세

조세 수입 중 가장 높은 비율을 차지하는 세금이 소득세이다. 소득세는 개인의 소득에 부과되는 세금으로서 중요한 사회복지 재원이다. 현재 우리나라는 개인의 소득에서 일정액을 공제한 후, 과세표준 구간에 따라 누진세율을 적용한 소득세를 부과한다. 2017년 개정된 소득세법 제55조에 따르면 소득구간에 따라

[표 8-4] 근로소득세 과세표준과 세율

과세표준	세율
1200만 원 이하	6%
1200만 원 초과 4600만 원 이하	15%
4600만 원 초과 8800만 원 이하	24%
8800만 원 초과 1억 5000만 원 이하	35%
1억 5000만 원 초과 3억 원 이하	38%
3억 원 초과 5억 원 이하	40%
5억 원 초과	42%

6~42%의 세율이 적용된다.

[표 8-4]와 같이 소득 수준에 따른 과세표준이 설정되고 그에 따라 소득세율이 결정된다. 이를 명목세율이라고 하는데, 소득세액이 결정된 이후에도 각종 소득공제·세액공제 등으로 실제 납부하는 세금은 감소한다. 즉, 실질세율은 더 떨어진다. 지난 30년간의 소득계층에 따른 소득세 부담을 분석한 김낙년 교수의 연구(2014)에 따르면 한국의 "소득세 부담률의 추이가 계층별로 달라 최상층의 경우는 감소 추이를 보인 반면, 그 이하로 가면 상승하는 양상을 보인다."[49] [표 8-5]에서 한국의 소득세 부담률은 1985년 2.0%에서 2011년 5.1%로 증가하였다. 사회복지 수요가 증가함에 따라 사회복지 지출이 가파르게 상승한 것에 비해, 소득세

49 김낙년(2014), 「개인소득세 및 사회보장기여금의 계층별 부담률」, 『경제사학』, 57호, 경제사학회, p. 92.

[표 8-5] 소득그룹별 소득세 부담률

(단위: %)

연도	전체	상위 0.01	0.01~0.1	0.1~0.5	0.5~1	1~5	5~10	하위 90
1985	2.0	40.6	23.4	13.4	8.7	4.3	1.9	0.2
1995	3.1	39.2	34.1	19.4	12.9	7.5	3.7	0.5
2000	2.9	36.5	27.9	14.8	10.2	5.2	4.7	0.2
2005	3.9	33.0	25.9	14.7	8.0	4.8	5.4	1.1
2011	5.1	33.6	27.9	20.2	12.3	7.2	4.0	1.0

출처: 김낙년(2014)[50]

의 실질세율은 지난 30년 동안 3% 정도밖에 증가하지 않은 것을 알 수 있다.

그나마 근로소득자의 절반 가까이는 소득세를 내지 않는 면세자이다. 2017년 국세청 자료에 따르면 2016년 근로소득세 연말정산 신고 인원 1774만 명 중 과세 미달자는 774만 명으로서, 근로소득자 중 43.6%가 면세자인 것으로 나타났다.[51]

이와 같이 누진적인 조세부과도 되지 않고, 면세자의 비율이 높다는 점 외에도 근로소득과 비근로소득 간에 소득세 부과가 제대로 되지 않고 있다는 문제점이 있다. 근로소득 100%에 세금이 부과되는 직장인들의 경우 '유리지갑'이라는 용어를 사용하곤 한다. 이러한 자조적인 표현은 바로 자영업이나 기타 소득에 대한 조세는 정확히 부과되지 않고, 근로소득에 대한 과세만 정확하게

50 위의 논문, p. 110.

51 국세청(2017), 『2016년 국세통계연보』.

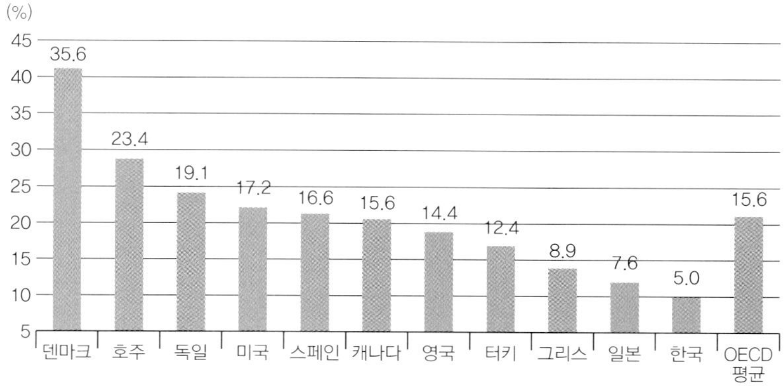

〈그림 8-5〉 OECD 국가의 유효실질세율

주: 2014년 무자녀 1인 가구 평균소득 가구 기준. 유효세율: 공제감면을 제외하고 실제로 낸 세금이 소득에서 차지하는 비중
출처: OECD

되고 있는 현상을 비판하는 것이다.

〈그림 8-5〉에서 보면, 한국은 소득세율이 OECD 평균의 1/3 수준이며, 유럽 국가에 비해 매우 낮다는 것을 알 수 있다. 한국은 전반적으로 소득세의 비율이 OECD 국가들에 비하여 낮고, 소득 수준에 따른 조세의 형평성이 확보되지 못하고 있으며, 근로소득자 중 소득세를 면제받는 비율이 높다는 점에서 사회복지의 재원으로서 가장 큰 비중을 차지하고 있는 소득세체계에 대한 개선이 필요하다. 특히 증세를 통한 복지를 위해서는 소득세율 인상과 계층별 부담 정도에 대한 논의가 필수적이다.

(2) 법인세

소득세가 개인의 소득에 부과되는 세금이라면, 법인세는 기업의 소득에 부과되는 세금이다. 법인세도 기업의 이익을 구간에 따라 부과하고 있으나 개인소득세처럼 과세표준의 단계가 많지는 않다. 한국의 명목 법인세율은 최고 25%이나 실효 세율은 10%대로 떨어진다. 특히 대기업에 편중된 공제·감면제도로 인해 법인세 실질세율의 인하 효과는 중소기업보다 대기업에서 크게 나타나고 있다. 연구투자(R&D) 비용 세액공제, 고용창출 세액공제 등 각종 공제로 인해 소득세와 마찬가지로 조세의 형평성 측면에서 많은 비판이 제기되고 있다.

[표 8-6] 법인세율

과세표준	세율
2억 원 이하	10%
2억 원 초과 200억 원 이하	20%
200억 원 초과 3000억 원 이하	22%
3000억 원 초과	25%

소득세와 마찬가지로 사회복지 재원으로서 법인세 인상에 대한 논의가 제기될 때, 법인세율 자체가 OECD 국가들에 비해 낮기 때문에 인상해야 한다는 주장과, OECD 국가들에 비해 낮은 편은 아니라는 주장이 대립한다. 전자는 실질세율과 조세감면의 대기업 편중을 보다 강조하고, 후자는 명목세율과 기업의 투자를 통한 낙수효과를 강조한다.

[표 8-7]은 국가별 최고 법인세율을 보여 준다. 법인세율이 낮다고 주장하는 미국의 경우 최고 법인세율이 35%이다. 두 번째로 낮

[표 8-7] 각국의 최고 세율

국가	법인세(2016년)	개인소득세(2016년)
미국	35[52]	39.6
일본	23.4	45
영국	20	45
프랑스	34.43	45
독일	15.83	45
이탈리아	27.5	43
캐나다	15	29
한국	22	38

주: 최고 세율은 지방세를 제외한 것임. 자료;OECD statistics
한국 수치는 2017년 소득세법 및 법인세법 개정 전 최고 세율임.
출처: 한국조세재정연구원, 『조세재정 BRIEF』(47호), p. 4와 p. 9의 자료 일부 인용[53]

은 단계의 법인세율은 22%로, 한국의 최고 법인세율보다도 높다.

최근 들어 한국의 경우 실질 법인세율이 감소하면서 2014년 42.7조 원, 2015년 45조 원, 2016년 52.1조 원으로, 전체 국세 수입 중 법인세 비중이 정체되어 있다. 반면 〈그림 8-6〉에 나타나듯이 국세 수입 중 소득세의 비중은 증가하고 있어, 법인세를 인상해야 한다는 주장이 제기되고 있지만, 법인세 인상에 대한 반론도 만만치 않다.

---

52 2017년 말 미국 하원을 통과한 세제개편안에 따르면 법인세 최고 세율은 35%에서 21%로 낮추어진다.

53 한국조세재정연구원(2017), 『조세재정 BRIEF』, 통권 제47호, 트럼프 세제개편안의 주요 내용 및 평가.

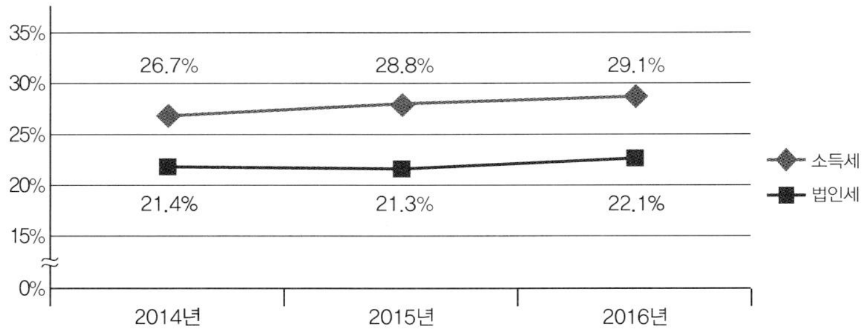

〈그림 8-6〉 일반회계 수입 중 소득세와 법인세 비율
출처: 기획재정부 재정정보공개시스템(http://www.openfiscaldata.go.kr)

4) 사회복지 재원: 사회보험료

사회보험료(사회보장기여금)는 조세는 아니지만 일종의 준조세로 이해된다. 국민연금·건강보험·고용보험 등 사회보험은 개인소득에 비례하여 부과되며, 납부 의무를 강제적으로 부과하기 때문에 일종의 세금으로서의 성격을 갖고 있다고 본다.

사회보장기여금은 소득액에 비례하여 무한정 증가하는 것이 아니라 기준소득액의 상·하한선이 있어 최대 납부액과 최소 납부액이 정해져 있다.[54] 이와 같이 사회보장기여금에 있어서 개인별 소득에 상한선을 두고 있어 사회보험 부담의 형평성에 관한 논란이 지속적으로 제기되고 있다.

---

54 예를 들어, 2016년 7월~2017년 6월의 국민연금 하한액은 28만 원, 상한액은 434만 원이다.

[표 8-8] 소득그룹별 사회보장기여금 부담률

(단위: %)

연도	전체	상위 0.01	0.01~0.1	0.1~0.5	0.5~1	1~5	5~10	하위 90
1985	2.5	1.4	2.2	3.4	3.7	5.2	5.2	1.6
1995	4.0	3.7	4.2	8.9	11.3	13.1	10.2	1.2
2000	6.6	3.2	5.6	9.8	12.2	16.6	13.7	2.7
2005	9.5	1.6	5.1	8.6	11.7	14.2	16.6	7.5
2011	12.0	1.9	5.4	7.5	11.4	14.6	17.5	10.7

출처: 김낙년(2014)[55]

사회보장기여금의 계층별 부담률을 보면 [표 8-8]에서 하위 90%의 부담률이 2000년대 이후 다른 계층의 부담률에 비해 급증하고 있는 현상을 볼 수 있다. 즉 사회보장기여금의 부담률은 소득이 높을수록 납부 부담이 적은 역진적 구조를 보이고 있다. 이러한 사실들은 우리 사회보험의 소득재분배 기능이 낮다는 것을 의미한다.

5) 한국의 조세체계의 특징과 개선 방안

미국은 알려진 바와 같이 선별적 복지제도를 운영한다는 점에서 다른 유럽 국가들과 차이가 있다. 전체 세금 중에서 간접세 비중이 10% 정도밖에 되지 않고 직접세 비중이 높지만 재정 지출을 통한 소득재분배는 미미하다.

유럽 국가들은 나라별로 차이가 있지만 서유럽과 북유럽 국가

55 김낙년(2014), 앞의 논문, p. 111.

의 경우 상대적으로 재정 지출을 통한 소득재분배를 강조한다. "북유럽은 역진적 성격의 소비세수 비중이 높지만 동시에 누진적인 직접세 비중도 높고, 재정 지출 단계에서 불평등을 완화하는 복지제도를 구축하고 있다. 스웨덴, 노르웨이, 핀란드 등 북유럽 복지국가들은 누진세와 비례세를 적절히 조합하여 높은 수준의 복지를 지원하고 있다. 독일과 프랑스 등 서유럽 복지국가들은 상대적으로 높은 비중의 사회보장세를 기반으로 사회보험국가를 실현하고 있다."[56]

한국의 경우는 어떨까? '저부담-저복지' 유형으로서 조세부담률도 낮고 국가재정에서 사회복지 지출도 낮은 수준이며, 조세제도 및 이전지출의 재분배 기능도 약하다. 직접세 비중이 낮고 조세를 통한 재정 지출의 분배효과가 낮은 편이다. 한편에서는 증세 없는 복지 기조하에서 급격히 증가하는 복지 지출 수요에 대비하기 위해 부가가치세율을 인상하자고 주장하고 있다.[57] 우리의 부가세율은 10%로 OECD 평균치인 18.7%보다 낮은 수준이며 재정 건정성을 위해서는 부가세 인상이 불가피하다는 것이다. 실제 영국, 포르투갈, 스위스, 이탈리아 등은 부가세를 인상하여 복지 재원 등을 마련하고 있다.

그러나 간접세인 부가가치세를 더 올린다면 소득재분배에 부

---

56 강병수(2016), 「보편적이고 누진적인 복지재원 확보와 선결 조건들」, 『복지이슈 Today』, vol. 34, 서울복지재단, p. 9

57 성명재(2012), 「부가가치세율 조정의 소득재분배 효과: 복지지출 확대와의 연계 가능성」, 『재정포럼』, 2012년 10월호, 한국조세재정연구원.

정적 영향을 미친다. 따라서 한편에서는 직접세 강화가 우선이라는 주장을 하고 있다. 한국의 경우 소득세·법인세와 같은 직접세의 세율이 낮기 때문에 직접세를 우선 인상하자는 것이다. 그렇지만 앞서 살펴보았듯이 이에 대한 반대의견도 만만치 않다.

복지 지출의 확대와 재분배 기능 향상을 위해 무엇이 필요한가? 첫째, 조세제도의 누진성을 강화해야 한다. 비과세감면, 각종 소득공제·세액공제제도를 축소함으로써 소득이 많을수록 혜택을 많이 보는 제도를 수정해야 한다. 소득세·법인세 등 직접세 세율을 인상하는 방안도 사회적 합의를 통해 결정한 다음 간접세 및 사회보장세의 인상을 추진하는 것이 필요하다.

둘째, 조세부과의 보편성을 강화해야 한다. 근로소득 외에도 부동산·금융·사업소득에 대해 정확하게 과세하고, 면세자 비율을 축소하여 소액이라도 세금을 부담하게 하는 방안 등을 시행함으로써 '소득 있는 곳에 과세 있다.'는 원칙이 제대로 적용되어야 한다.

셋째, 증세의 불가피성에 대한 정치권의 솔직한 고백과, 국민들의 조세저항에 대한 전략적인 대응이 필요하다. 복지 확대를 위해서는 복지 재원의 확보가 필요하고, 따라서 증세가 불가피하다는 사실을 정치권과 정부는 사회적 공론의 장을 통해 국민들에게 인식시키고, 증세 방안에 대해 사회적 토론을 거치는 작업이 필요하다. 일각에서는 그 구체적 방안으로 새로운 목적세로서 '사회복지세' 도입을 주장하고 있다. 직접세와 간접세 인상이 쉽지 않은 상황에서 사회복지 분야에만 사용할 수 있는 사회복지세를 도입하자는 것이다.

넷째, 조세행정의 투명성과 신뢰성이 확보되어야 한다. 세금이 인상되었는데, 조세행정의 투명성이 확보되지 못해 조세 정책에 대한 불신이 여전히 남아 있다면 조세저항은 높아질 수밖에 없다.

제9장 · 사회복지와 가치

수년 전 국내에서 베스트셀러가 되어 책의 내용을 담은 강의 동영상이 TV에 방영될 정도로 회자되었던 유명한 책이 있다. 하버드대 교수인 마이클 샌델(Michael Sandel)의 『정의란 무엇인가』가 바로 그 책이다. 이 책은 사회정의에 대한 다양한 철학적 이론과 주장들을 다루고 있는데, 국내에서 베스트셀러가 된 이유는 한국 사회가 정의롭지 못하다고 생각하는 국민들이 많기 때문이라는 평가가 나오기도 했다. 이번 장에서는 바로 '사회정의'에 대한 논의를 살펴보고자 한다. 결론부터 말하자면 사회복지의 가치는 바로 사회정의의 수립이다.

사회복지가 추구하는 목적은 제3장에서 설명하였듯이 인권의 보장과 개인의 자립과 성장발달 촉진, 사회의 통합과 안정이다. 목적이 무엇인가를 달성하기 위한 지향점이라면 그러한 지향점을 향해 가기 위한 방법과 수단이 필요하다. 본 장에서 설명하는 가치는 사회복지가 추구하는 궁극적 목적을 달성하기 위한 수단적인 측면에서의 가치이다. 개인에게 자신의 역량을 개발하고 능력을 펼칠 수 있는 기회를 제공함으로써 개인의 자율과 자립을 보장하고, 인권을 보장하기 위한 사회를 만들기 위해서는 어떠한 방식으로 그 사회의 권력과 자원, 기회를 나눌 것인지에 대한 논의가 필수적이다. 그런 의미에서 사회복지의 가치에 대한 논의는 사회복지가 추구하는 목적을 어떠한 방식으로 달성할 것인지에 대한 시각을 제시한다는 점에서 중요한 의미를 갖는다.

1. 복지국가와 사회적 가치

인류가 추구하는 가치에 대한 논의는 고대 철학으로부터 시작해야 할 만큼 매우 오래되고도 복잡한 내용이다. 자유의 개념조차도 이념이나 학파에 따라 달리 설명되고 다른 해석이 존재할 만큼 가치에 대한 논의는 여전히 진행 중인 논쟁거리이다. 인류가 추구해 온 대표적인 가치는 바로 '자유'와 '평등'이다. 자유민주주의 사회를 살아가고 있는 우리에게 자유와 평등은 당연한 가치로 받아들여진다. 그래서 자유와 평등이라는 가치를 언급하는 것이 어쩌면 진부한 것이라고 생각할 수도 있다. 그러나 인류의 역사에서 이러한 가치들이 실현되고 제도화된 것은 불과 얼마 되지 않은 최근의 일이다.

아리스토텔레스는 자유롭게 살아갈 수 있는 덕이 부족한 노예가 존재할 수밖에 없으며, 여성은 남성과 동등하지 않다고 주장하였다. 이러한 관점은 19세기 중·후반까지도 당연한 것으로 인식되었다. 예컨대, 여성의 참정권은 20세기가 되어서야 유럽 국가들에서 인정되기 시작하였으며, 직접민주주의의 대표적 국가인 스위스는 1971년에야 여성참정권을 인정하였다. 자유와 평등은 결코 자연적으로 주어진 것이 아니며, 수많은 사람들의 피와 눈물로 얻어 낸 역사적 투쟁의 결과물이다. 인류의 발전사는 이를 역사적 사실들로 입증하고 있다.

사회복지가 추구하는 가치로는 자유, 평등, 효율, 정의 등이 제시되고 있다. 물론 이러한 가치는 사회복지에만 적용되는 것은 아니며 인류가 보편적으로 추구하여 왔고 또 추구하는 가치이다. 복지국가는 사회복지를 통해 최소한의 인간다운 삶, 소득재분배, 기회의 평등을 추구하는 국가이다. 이러한 복지국가의 기능을 수행하는 과정에서는 필연적으로 자유와 평등의 가치가 서로 대립하는 상황이 발생한다. 평등을 추구하는 과정에서 자유적 가치와 충돌하는 경우 또는 자유라는 가치를 실현하는 과정에서 평등적 가치와 상충되는 경우 등 가치 대립이 발생한다. 그렇다면 가치 대립이 발생하는 상황에서 어떻게 해야 할 것인가? 복지국가를 추구하는 과정에서 가치 대립이 발생할 때, 사회적 합의의 과정을 거쳐서 사회적 가치를 설정하고 그에 기초한 사회복지제도를 수립하는 것이 필요하다.

사회복지 제도화를 통한 국민의 삶 향상에 실질적인 도움이 되는 복지국가는 사회적 합의를 통한 사회적 가치의 설정에서 출발해야 한다. 사회적 가치는 복지국가라는 배의 방향타 역할을 하는 매우 중요한 것이다. 사회복지와 관련하여 특히 개인의 경제적 자유를 확대하려는 방향과 평등한 사회를 구현하려는 방향이 서로 대립되는 가치로 극명하게 나타나고 있다.

로버트 라이시(R. Reicy)의 저서 『슈퍼자본주의』에 따르면 미국의 경우, "1950~1960년대 대기업의 CEO가 받는 급여는 평균적으로 일반 근로자의 20배 정도였지만 지금은 200배를 훌쩍 넘는다. 그 시기에 전체 인구의 1%에 해당하는 최상위 부유층이 차지한 소득은 미국인 전체 소득의 9~10%였지만 지금은 20% 이상이다."[58] 평등의식이 강한 유럽에서도 기업의 CEO들과 근로자들의 임금 격차가 최근 들어 더 벌어지고 있다. 유럽 중에서도 가장 친기업적인 국가로 꼽히는 스위스에서는 2013년 11월 CEO의 연봉을 제한하는 법[59]이 국민투표 표결에 부쳐졌다. 사회적 논쟁 속에서 국민 65%의 반대로 CEO 연봉제한법은 부결되었다. 이와 같이 자유와 평등의 가치 대립 문제는 현재도 계속해서 우리 삶에서 발생하고 있다. 이하에서는 사회복지가 추구하는 핵심적 가치로서 자유, 평등, 그리고 이 양자의 가치와 관련된 사회정의를 살펴보았다.

---

58 로버트 라이시 지음, 안기순 옮김(2016), 『로버트 라이시의 자본주의를 구하라』, 김영사, p. 11.

59 최고경영자의 연봉이 최저 연봉 근로자의 12배를 넘지 않도록 하는 일명 1:12법.

2. 자유와 평등

1) 소극적 자유와 적극적 자유

자유를 뜻하는 영어 단어로는 'liberty'가 있다. 정치철학 측면에서 liberty는 소극적인 의미의 자유(negative liberty)와 적극적인 의미의 자유(positive liberty)의 두 가지 의미를 내포하고 있다.[60] 소극적 의미의 자유는 타인으로부터 구속과 억압을 받지 않는 상태를 의미하지만, 적극적 의미의 자유는 소극적 자유를 넘어 자신의 생각을 스스로 결정하고 그 결정을 행동으로 옮길 수 있는 상태를 의미한다. 소극적 자유가 단순히 구속이 없는 상황을 의미한다면, 적극적 자유는 자신의 삶을 자신이 스스로 통제할 수 있다는 상황을 의미한다.

예를 들어 휠체어를 타고 다니는 하반신 지체장애인이 있다고 하자. 그런데 장애인 이동차량이 없고, 휠체어 이동경사로나 엘리베이터 등이 건물에 설치되어 있지 않다면 이 장애인에게는 자유가 있다고 할 수 있을까? 직장에서 일을 하거나 학교를 가기 위해 이동할 수 있는 조건이 구비되어 있지 않다면, 아무도 그가 외출하는 것을 방해하지 않는다는 의미에서 소극적 의미의 자유는 보장되어 있지만 자신의 의사에 따른 행동을 실현할 수 있는 적극적 의미의 자유는 보장되어 있다고 할 수 없다. 따라서 적극

---

60 Berlin, I.(1969), "Two Concepts of liberty" In Berlin, I.(Ed.), *Four Essays on liberty*, London: Oxford University Press.

적 자유가 실현될 때 진정한 의미의 자유가 보장된다고 할 수 있다. 또한 적극적 자유는 소극적 자유가 전제되지 않는다면 또 다른 형태의 강요가 될 수밖에 없다는 점에서 소극적 자유가 바탕이 되지 않는 적극적 자유는 의미가 없다. 결국 적극적 자유와 소극적 자유, 양자는 상호보완적이다.

> 자유는 스스로 선택하는 삶을 살 수 있는 가능성을 의미한다. 모든 사람에게는 자유를 향한 소명과 이를 실현할 능력이 있다. 이러한 소명에 부합하는 삶을 영위할 수 있는지의 여부는 사회적으로 결정된다. 모든 사람은 비인간적 예속, 궁핍과 공포로부터의 자유로워야 하며 자신의 능력을 개발할 수 있고 사회와 정치에 참여할 수 있는 기회가 있어야 한다. 사람들은 자신들이 적절한 사회적 안전을 보장받고 있다는 확신 아래 안심할 수 있을 때만 그들의 자유를 충분히 행사할 수 있다.[61]

복지국가는 소극적 자유에서 더 나아가 적극적 자유를 보장하는 것이다. 단순히 구속과 억압이 없는 상태가 인간의 존엄성을 보장하지는 않는다. 적극적 자유가 보장되기 위해서는 일정한 물질적 수준의 보장이 필요하다. 결핍으로부터의 자유, 빈곤으로부터의 자유가 보장되지 않는다면 사상·출판·언론·종교의 자유 등 다른 영역

---

61 알렉산더 페트링 지음, 조혜경 옮김(2012), 『복지국가와 사회민주주의』, 한울아카데미, p. 25.

의 자유의 의미가 감퇴될 것이다. 따라서 사회복지가 최소한의 물질적 수준의 보장에 관심을 갖는 것은 매우 중요한 의미를 갖는다.

2) 절대적 평등과 상대적 평등

평등은 관점에 따라 매우 다양하게 정의된다. 선험적으로 평등은 법적·정치적·사회적·경제적 영역에서 차별을 금지하는 것으로 이해된다. 그러나 평등의 개념은 그리 간단치 않다. 평등의 기준을 어디에 두느냐에 따라 개념이 달라지므로 현실에서 평등의 적용은 논자마다 차이가 있다. 그래서 상호 간 평등을 얘기하지만 평등을 받아들이는 기준은 차이가 있고, 그 차이는 사회문제 해결에 있어서 중대한 대립을 가져오곤 한다.

평등은 개념적으로 산술적 평등과 비례적 평등으로 구분된다. 산술적 평등(절대적 평등)은 모든 사람을 똑같이 대우하는 것으로서 기계적·형식적 평등이며, 비례적 평등(상대적 평등)은 '같은 것은 같게, 다른 것은 다르게' 대우하는 비교라는 판단이 개입된 평등이다. 산술적 평등은 결과의 측면을 강조하는 것으로서 분배의 결과를 발생하게 하는 전제조건과 무관한 평등을 강조한다. 산술적 평등에 따르면 개인의 욕구나 능력과 무관하게 사회적 자원을 똑같이 분배하게 된다. 반면 비례적 평등은 '공평성(equity)'이라고도 하는 것으로서, 개인의 욕구·능력·결과의 기여 정도를 종합적으로 고려하여 사회적 자원을 분배하게 된다. 따라서 공평하게 사회적 자원을 배분하는 것은 상당히 복잡한 절차와 기준을 필요로 한다. 이와 같이 평등은 희소한 사회적 자원의 배분에 있어서 조건(개인의 욕구, 능력)과 과정(노력, 기여) 중 어디에 중점을 두느냐에 따라 개념이 달라진다.

3) 기회의 평등

지방대학 출신이라는 이유로 공조직이나 공기업에 취업할 수 없다면, 반대로 지방대학 출신이라는 이유만으로 공조직이나 공기업에 취업할 수 있다면 이를 어떻게 평가할 것인가? 지방대학 출신이 공조직이나 공기업에 취업하지 못하는 원인이 개인의 능력 문제가 아니라 아예 원서를 낼 기회조차 주어지지 않아서라면 무엇을 해야 할 것인가? 여기서 기회의 평등 문제가 제기된다.

기존의 평등 개념은 주로 재화와 사회적 자원의 분배에 관한 논의가 주된 것이었다면, 기회의 평등은 다른 차원의 개념이다. 재화와 사회적 자원의 분배에 관한 평등은 주로 결과에 관한 것이라면, 기회의 평등은 결과 이전의 출발선상의 문제에 초점을 맞춘다. 산술적 평등은 재화와 자원의 분배에 있어서 획일적인 동일화를 추구한다면, 비례적 평등은 '같은 것은 같게, 다른 것은 다르게'라는 표현에서 나타나듯이 조건과 과정을 감안하여 결과를 교정한다. 하지만 기회의 평등은 결과 자체는 논외로 하고 결과를 얻기 위한 출발선의 평등에 초점을 둔다. 특정인이나 특정 집단에게 재화와 사회적 자원의 확보를 위해 경쟁할 수 있는 기회조차 주어지지 않는다면 그것은 매우 불공평한 일이다. 기회의 공평한 제공을 통해 사회적 자원의 분배 가능성을 보다 높여 보자는 것이 기회의 평등이다.

그런데 문제는 기회가 모두에게 평등하게 주어졌다는 것만으로 그 결과를 공정하다고 할 수는 없다는 점이다. 100m 달리기를 예로 들어 보자. 100m 달리기의 등수에 따라 보상이 달라진다고 가정하고 어린이, 노인, 장애인, 건강한 성인에게 동일 선상에서 출발하는 기회를 주었다고 해서 이 경기의 결과를 공평하다고 할 수 있을까? 100m 달리기를 고등교육기관의 입학, 사회적 지위, 소득 및 자산과 같은 희소한 자원의 분배라고 한다면, 건강한 성인 집단을 제외한 다른 집단들은 항상 결과물의 배분에 있어서 배제될 수밖에 없다.

이와 같이 기회의 평등 실현에 있어서 고려해야 할 요소가 많다. 기회가 동일하게 주어졌다고 해서 같은 조건에서 동일하게 경쟁한 것으로 보기 어렵다. 기회가 동일하게 주어졌다고 해도 그 결과를 사회적으로 수용하기 어려운 측면이 발생하기 때문이다. 장하준 교수는 기회의 평등을 아래와 같이 설명한다.

> 기회의 균등은 공정한 사회를 이루기 위한 출발점이다. 하지만 이것만으로 충분하지 않다. 물론 훌륭한 성과를 올린 사람은 충분한 보상을 받아야 한다. 그러나 문제는 모든 사람이 같은 조건에서 경쟁을 했는가 하는 것이다. …(중략)… 기회의 균등이 진정한 의미를 가지려면 일정 수준 이상의 결과의 균등이 보장되어야 한다.[62]

---

62 장하준(2010), 『그들이 말하지 않는 23가지』, 부키, p. 277.

그런데 일정 수준 이상의 결과의 균등을 보장하는 것은 또 다른 기준과 판단을 필요로 한다. '어느 정도'로 결과를 평등하게 할 것인지는 매우 복잡하고도 어려운 문제이기 때문이다. 장하준 교수는 그럼에도 '지나치지 않을 정도'의 결과를 균등하게 하는 작업을 사회적인 차원에서 논의하는 것이 필요하다는 입장이다.

> 기회의 균등을 보장하는 것만으로는 충분치 않고 최소한의 소득, 교육, 의료 혜택 등을 보장함으로써 최소한의 역량을 갖출 수 있는 환경을 마련해 주지 않으면 공정한 경쟁을 할 수 없다는 것이다.[63]

기회의 평등의 또 다른 문제점은 '역차별'이다. 약자에 대한 배려와 평등 정책이 특정 집단에 대한 자유의 침해를 가져올 수 있다는 것이다. 기회의 평등이라는 차원에서 지방대학 출신을 일정 비율로 무조건 공기업에서 채용하도록 한다면 그 비율만큼 비지방대학 출신은 취업과 경쟁의 자유를 침해받는 것이다.

만약 일반인과 100m 세계 신기록 보유자인 우사인 볼트가 100m 경기를 한다면 공정한 경쟁일까? 달릴 수 있는 기회가 동일하게 주어졌다고 해서 그 결과를 그대로 수용할 수 있을까? 공정하지 않다고 하면 어떠한 방법으로 불공정한 경쟁을 수정할 수 있을까?

기회의 평등은 중요한 사회적 가치이다. 하지만 기회를 어느

---

63 위의 책, p. 288.

정도로 평등하게 제공하는 것이 공정한 것인지, 또한 기회의 평등으로 발생한 결과에 사회가 어느 정도 개입하는 것이 공정한 것인지의 문제는 그리 간단치 않다.

4) 새로운 불평등의 문제: 건강 불평등

불평등은 소득에서만 발생하는 것은 아니다. 흔히 건강은 타고난 것이라고 생각하지만 젊을 때까지만 해당되고 그것도 부분적으로만 해당된다. 뇌와 신체가 한창 성장할 나이에 충분한 영양을 섭취하지 못하면 인지적 기능, 신체적 기능이 제대로 발달하기 어렵고 이는 성장기와 성인기의 건강 및 학습능력에 영향을 미친다. 행복의 첫 번째 조건으로 많은 사람들이 '건강'을 꼽을 만큼 건강은 행복에 있어서 중요한 결정요인이다. 그런데 건강은 타고나는 것이라고 생각했던 것이 얼마 전부터 단순히 타고난 체질상의 문제만이 아니라 소득과도 관련이 있다는 주장이 제기되고 있다.

영국의 사회학자 윌킨슨(Richard, G. Wilkinson)은 『평등해야 건강하다』라는 저서에서 건강 불평등을 초래하는 다양한 사회적 요인들을 분석하고 있다.[64] 〈그림 9-1〉은 소득 수준과 기대수명의 관계를 보여 준다. 빈국의 경우 기대수명과 1인당 GDP 간에 강한 상관관계가 나타나고 있어 물질적 조건의 향상이 건강 상태를 상당히 개선시킬 수 있음을 알 수 있다. 하지만 부유한 국가들 사이

---

64 리처드 윌킨슨 지음, 김홍수영 옮김(2008), 『평등해야 건강하다(The Impact of Inequality)』, 후마니타스. 원서 제목은 *The Impact of inequality: How to Make Sick Societies Healthier*이다.

에는 양자의 강력한 연관성이 사라진다. 이는 물질적 조건이 어느 정도 충족되면 절대소득보다는 상대소득이 건강 불평등을 설명하는 더 중요한 요인이라는 것을 의미한다. 다시 말해 사회에서 개인이 차지하는 사회적·경제적 지위가 더 중요한 요인이라는 것이다. 세계보건기구(WHO)의 위원회(Commission on Social Determinants of Health)가 2008년 발표한 보고서 "Closing the Gap in a Generation"에 따르면 아프리카 레소토에서 태어난 여아는 일본에서 태어난 여아보다 기대수명이 42년 짧은데, 생물학적 요인이 아닌 사회적인 요인이 기대수명 차이의 원인이라고 지적하고 있다.[65]

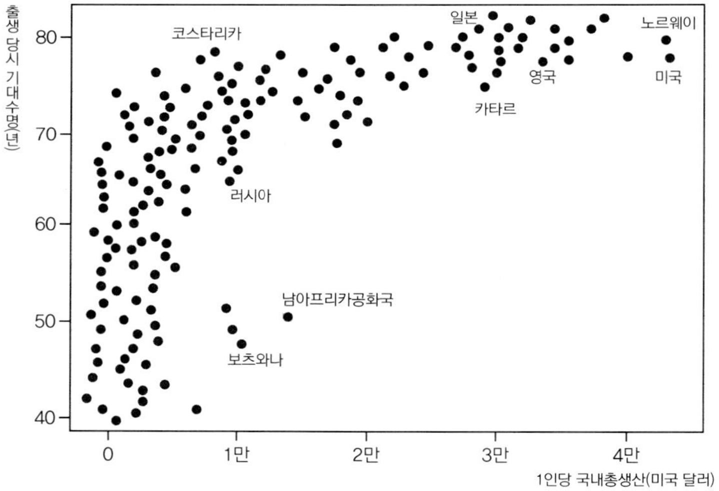

〈그림 9-1〉 1인당 GDP와 기대수명
출처: 김홍수영 역(2008)[66]

65 WHO(2008), "Closing the Gap in a Generation", p. 34.
66 리처드 윌킨슨 지음, 김홍수영 옮김(2008), 앞의 책, p. 85.

이러한 소득 수준에 따른 건강 불평등 현상은 국가 내에서도 나타나고 있다. 미국의 경우, 소득 수준이 낮고 소득 불평등 정도가 높은 도시일수록 인구 10만 명당 사망자 수가 높은 것으로 나타났다. 한국의 경우도 소득 불평등과 건강 불평등 사이에 상관관계가 존재하는 것으로 나타났다. 서울 강북구민의 사망위험이 강남구민에 비해 30% 높고, 육체노동자의 사망률이 비육체노동자에 비해 여자는 1.48배, 남자는 1.65배 높은 것으로 조사되었다.[67] 소득 불평등이 경제적 문제에 국한되는 것이 아니라 건강 등 사회문제에도 반영되어 나타나고 있다. 이는 건강 불평등의 원인이 개인의 생물학적·유전적인 요인뿐만이 아니라 사회적 자원의 불평등한 분배 때문이기도 하다는 방증이다.

5) 자유와 평등의 관계

자유를 극단적으로 추구하는 절대주의적 자유와 평등을 극단적으로 추구하는 절대주의적 평등을 이념적인 연속선상의 양극단으로 본다면 자유와 평등은 서로 대립되는 가치이다. 자유를 강조하면 평등을 침해하고, 평등을 강조하면 자유를 침해하게 되는 경향이 있다. 현실에 있어 자유주의적 시각이나 평등주의적 시각은 각각 자유와 평등을 보다 강조한다는 의미로, 자유주의라고 해서 평등의 가치를 배제하지 않으며 반대로 평등주의라고 해서 자유의 가치를 배제하지 않는다. 따라서 자유와 평등 중 어느 하

---

67 국립보건연구원(2016), 「지역건강통계 한눈에 보기」.

나의 가치를 상대적으로 더 강조하는 정도로 이해해야 한다.

개인의 자유를 강조하는 자유주의적 시각에서는 자유와 평등이 양립하기 어렵다는 점에 주목한다. 시장에서 활동하는 자유로운 개인의 자율성을 중시하려는 시각을 보인다. 따라서 국가의 역할과 기능은 개인의 자유로운 의사결정과 선택, 시장의 자율성을 존중하는 선에서 국한되어야 한다고 본다. 20세기 초 이전의 야경국가관이 바로 자유주의적 시각에 근거하고 있다. 또한 20세기 후반에 나온, 정부의 역할을 축소해야 한다는 작은 정부론, 시장의 자율성과 개인의 자유를 보다 확대해야 한다는 신자유주의 또한 자유를 보다 강조하는 자유주의적 시각이다. 하지만 초기 자본주의의 자유방임주의와 신자유주의의 문제점에서 나타나듯이 시장에서의 자유만을 강조하게 되면 사회적 불평등의 문제가 발생한다. 이에 평등에 대한 고려가 요구된다.

반면 평등의 문제에 기계적·형식적으로 접근하여 사회제도를 시행하게 된다면 지난 공산주의 국가의 역사가 증명하듯이 사회 전체적으로 위험한 결과를 초래하게 된다. 지난 19~20세기 인류의 역사는 자유를 강조하는 축과 평등을 강조하는 축의 대립과 갈등의 역사라고 평가할 수 있다. 어느 하나의 가치를 극단적으로 추구하는 것은 사회적으로 바람직하지 않은 결과를 가져온다는 점에서 자유와 평등의 조화가 중요한 문제로 등장한다.

자유와 평등의 의미를 어떻게 이해하느냐에 따라 양자의 관계는 달라질 수 있다. 자유와 평등을 조화로운 것으로 보고 양자의 개념에 접근하려는 것이 바로 사회정의에 관한 논의로서, 이하에서는 사회정의에 대해 살펴보았다.

3. 사회정의

1) 사회정의란 무엇인가?

정의란 무엇인가? 개인적인 차원에서는 개인적 선택의 문제이지만, 사회적인 차원에서 정의는 매우 복잡한 이해관계를 가진 집단 간 세력의 문제이다. 세력 간에는 갈등과 충돌이 불가피하고 갈등과 충돌을 조정하기 위한 기준이나 원칙이 요구된다. 사회정의는 바로 이러한 기준과 원칙으로서, 자유와 평등을 어떻게 조화시킬 것인가의 문제이다. 사회정의는 사회 정책, 특히 사회복지 정책에서는 더욱 중요시되는 가치이다.

따라서 사회정의가 무엇인지에 대한 개념 정의는 상당히 중요한 문제이다. 그러나 이 사회정의란 개념도 무엇을 강조하느냐에 따라, 논자에 따라 달라진다. 사회정의(social justice)를 정의(definition)하는 것에 대해 서로 다른 시각들이 존재한다. 앞서 살펴보았듯이 자유와 평등도 시각에 따라 다르게 이해되고 있는데, 자유와 평등의 조화가 사회정의라고 한다면, 사회정의에 대한 정의는 더욱 복잡할 수밖에 없다.

정의를 모든 사람을 평등하게 대우하는 것이라고 보는 시각에서부터 최대 다수의 최대 행복을 보장하는 것, 모든 사람의 자유를 보장하는 것, 동등한 기회를 제공하는 것 등 다양한 정의(definition)

가 존재한다. 다양한 논의가 있지만 사회정의에 관한 논의들의 공통점은 바로 자유를 어느 정도 제약하는 선에서 혹은 자유를 어느 정도 보장하는 선에서 평등을 보장할 것인가에 대한 것이다. 다시 말해 시장에서 자유로운 개인의 행위에 의해 발생한 시장의 결과를 국가가 소득 불평등 완화를 위해 어떻게 어느 정도 개입할 것인가가 사회정의 논쟁의 핵심이다.

사회복지는 개인의 욕구(필요)에 대한 국가의 개입이라는 점에서 국가가 개인의 욕구(필요)를 어느 선까지 충족시켜 주는 것이 정당한가라는 문제가 제기된다. 국가가 누군가의 불평등을 해결하기 위해 사회적 자원을 활용한다면, 누군가의 자유를 일정 정도 제약하는 과정이나 결과를 수반할 가능성이 있기 때문이다. 그래서 사회정의는 자유와 평등을 어떻게 조화시킬 것인가의 문제이다. 그리고 이는 한 사회가 추구하는 사회적 가치의 지향점과 관련된 문제이기도 하다.

2) 존 롤스의 정의론

존 롤스(John Rawls, 1921~2002)는 자유와 평등의 조화 가능성을 모색하기 위한 철학적 고민을 본격적으로 제시한 학자이다. 하버드 대학에서 정치철학을 가르친 존 롤스는 1971년 『정의론(A Theory of Justice)』을 출간하였는데, 그의 저서는 정치학, 철학, 윤리학, 사회복지학 등 다양한 학문 분야에서 논의되고 있다.

롤스의 정의론은 다소 복잡한 논리적 추론 과정을 거쳐 제시되며, 다소 난해하고도 추상적인 내용으로 구성되어 있어 이해하기 쉽지 않다. 한마디로 그의 정의관을 요약하자면, 정의의 원칙에 입각하여 효율적으로 규제되는 질서정연한 사회가 정의로운 사회라는 것이다. 이하에서는 그의 주장을 핵심적인 내용을 중심으로 간략하게 살펴보았다.

롤스의 정의관을 이해하기 위해서는 먼저 유명한 제러미 벤담(J. Bentham)의 '공리주의(utilitarianism)'에 대한 이해가 필요하다. 벤담은 쾌락을 추구하고 고통을 회피하는 인간 본성에 입각하여 쾌락이 선이고 고통이 악이라는 윤리법칙을 제시하였다. 이러한 공리주의는 당시 자본주의 발전을 뒷받침하는 하나의 사상적 기반으로서 영향을 미치게 된다. 최대 다수의 최대 행복을 위한 개인의 행위를 강조하는 공리주의는 사유재산과 시장을 강조하는 자본주의와 결합되어 경제발전의 사상적 기초로 작동하여 인류사에 큰 영향을 미치게 되었다. 하지만 공리주의는 최대 다수를 위해 소수의 행복을 침해하고, 인간행위의 윤리적 기초를 오로지 개인의 이익과 쾌락에만 둠으로써 사회적 효용의 증가를 위해 다른 것들을 무시하는 측면이 있어 많은 비판을 받아 왔다.

롤스는 정의의 원칙으로 세 가지를 제시하고 있다. 첫 번째 원칙은 '평등한 자유의 원칙'으로, 개인의 자유와 존재 가치를 인정하는 바탕 위에서 기본적 자유에 대해 평등한 권리를 인정해야 한다는 원칙이다. 두 번째 원칙은 다시 두 가지로 구분된다. 불평등은 사회의 최소 수혜자(사회적 약자)에게 최대의 이익이 되는 한도에서 허용될 수 있다는 '차등의 원칙', 공정한 기회균등의 조건 아래 사회의 모든 직업, 직책 및 삶의 기회를 평등하게 보장해야 한다는 '공정한 기회균등의 원칙'이 그것이다.[68] 롤스가 설명하는 사회정의는 자유를 기초로 하여 평등을 보완하는 것이다. 그래서 그의 정의론을 '자유주의적 평등'이라고 한다.

자유가 보장된 상태에서 발생하는 사회적·경제적 불평등은 불가피하다. 사회적·경제적 불평등은 최소 수혜자에게 최대 이득을 기대할 수 있는 선에서 허용되어야 하고, 공정한 기회 균등의 조건 아래 모든 사람에게 직책과 직위가 개방되어 누구라도 직책과 직위를 배정받을 수 있도록 해야 한다. 만약 노력과 능력이 아닌 우연적 요인에 의해서 불평등이 발생하거나, 사회적 약자에게 불리한 방향으로 분배가 이루어진다면, 정의의 원칙에 따라 불평등이 보상되어야 한다는 것이 롤스의 정의관이다.

그렇다면 정의의 원칙이 채택되기 위해서는 무엇이 필요할까? 롤스는 정의의 원칙이 '무지의 베일(장막)' 상태에서 선택된다고 보았다. 사회정의에서 중요한 것은 사회 구성원이 합의한 공정한 절차이다. 사회 구성원이 부, 소득, 능력, 연령, 직업, 직위 등 사회경제적 자원에 대한 자신의 위치를 전혀 알 수 없는 무지의 상태에 있다면 공정한 절차에 의해 정의의 원칙을 채택할 것이라는 입장이다. "공정으로서 정의의 핵심적 관념은 사회의 기본적인 구조가 무지의 베일(veil of ignorance)에 가려진 원초적 상황(original position)에서 합리적인 사람들이 동의하게 될 원리들에 합치되는

---

68 존 롤스 지음, 황경식 옮김(2003), 『정의론』, 이학사.

한에서만 정의로운 것으로 간주된다."[69] 무지의 장막이 쳐진 상태에서 사람들은 자신의 능력, 재산, 신분, 성(gender) 등의 사회적 조건을 알 수 없기 때문에 사회계약 체결 시 자신이 속한 계층에 특별히 유리하거나 불리하지 않도록 조화로운 사회계약을 체결할 것이라고 보았다.

정리하면, 롤스는 과정으로서 절차적 정의가 보장될 때 결과의 정의도 보장된다고 보았다. 무지의 장막에 가려진 원초적 상황에 놓인 개인들이 공정한 합의를 한다면 자신이 가장 불평등한 사회적 위치에 놓일 수 있다는 상황을 가정한 선택을 할 가능성이 높다. 그 선택은 자신이 잠재적으로 속할 수 있는 사회적 약자들에게 이익이 되는 방향으로 이루어질 수 있다는 것이 롤스의 아이디어다.

3) 마이클 샌델의 정의론

존 롤스의 제자이기도 한 마이클 샌델(M. Sandel)은 하버드 대학에서 정치철학을 가르치는 교수이다. 하지만 샌델은 벤담의 공리주의뿐만 아니라 스승이었던 롤스의 정의론을 정면으로 비판한다. 샌델은 공리주의적 정의관, 롤스의 정의관만으로는 정의론을 세우기에 부족하며 롤스가 주장한 것처럼 애초에 중립적인 사회란 불가능하다고 보았다.

샌델은 『정의란 무엇인가(Justice)』에서 중요한 사회적 결정에 있어 '도덕'과 '공동선'이 개입되어야 사회정의가 가능하다고 설명한

---

69 프랭크 러벳 지음, 김요한 옮김(2013), 『롤스의 정의론 입문』, 서광사, p. 74.

다. 그는 정의란 개인적인 미덕을 키우고 공동선을 키우는 것이라고 보았다.[70] 좋은 삶과 정의로운 사회를 위해서는 지극히 사적인 견해를 버리고 개인(시민)의 미덕을 키우고 공동체 의식을 확대해야 한다고 강조한다.

> 정의로운 사회는 단순히 공리를 극대화하거나 선택의 자유를 확보하는 것만으로는 한계가 있다. …(중략)… 하나의 원칙이나 절차가 있어서 그에 따라 소득·권력·기회를 정당하게 배분할 수 있다면 얼마나 좋겠는가. 그런 원칙을 찾을 수 있다면, 좋은 삶을 토론하는 과정에서 생기게 마련인 논란을 피할 수 있을 것이다. 그러나 그 논란을 피하기란 불가능하다. 정의에는 어쩔 수 없이 판단이 끼어든다.[71]

4) 사회정의에 대한 소고

국민기초생활보장 수급권자의 수급권은 권리라고 볼 수 있는가? 그들은 사회적 기여 없이 사회적인 혜택만 받는 것 아닌가? 나도 세금 내고 생활하기 넉넉지 않은데, 왜 내가 낸 세금으로 그들을 도와주어야 하는가? 권리는 책임을 동반하는 것이라면 왜 일정한 사회적 기여를 하지 않는 자들에게까지 도움을 주어야 하는가? 사회적 기여를 하지 못한 것에 대한 평가는 어떻게 할 수 있는가?

---

70 마이클 샌델 지음, 이창신 옮김(2010), 『정의란 무엇인가』, 김영사.
71 위의 책, pp. 361~362.

젊은 시기에 오늘을 즐기면 그만이라는 생각으로 저축하지 않고 낭비하며 살아온 사람이 노인이 되어 최저생계비에 미달하는 소득과 재산을 갖고 있다면 우리는 어떤 판단을 내리는 것이 타당한가? 전적으로 자신의 잘못에 의해 불행한 처지에 놓인 사람들에게는 국가가 개입하지 않는 것이 타당할까? 반대로 자신의 의지나 노력과는 상관없이 사회적 약자[72]가 된 집단이나 계층에게는 어떻게 하는 것이 좋은가? 우연 혹은 자신의 책임과 무관한 사회환경의 변화로 인해 노인이 되어 최저생계비에 미달하는 생계를 유지하는 경우에는 국가가 어느 선까지 지원하는 것이 타당한가? 매우 복잡하고도 어려운 문제이다.

불평등 문제에 관해 논의할 때, 우리가 현실적인 해결책을 내놓기 위해서는 사회적인 차원을 고려해야만 한다. 능력에 따른 기여와 필요에 따른 분배와 같은 방식, 즉 자신이 할 수 있는 만큼 사회적 자원의 창출에 기여하고 필요한 만큼 사회적 자원을 가져가는 방식이 가능하다면 아주 이상적일 것이다. 그러나 현실에서는 이러한 이상적인 배분방식이 작동하지 않을 것이다.

모든 사람이 동의하는 절대적인 정의는 인간의 본성상 불가능할지도 모른다. 정의의 개념을 논하는 것은 논리적인 추론과 학문적 검증의 문제이지만, 현실에서 사회문제에 사회정의라는 잣

---

72 사회적 약자는 자신의 잘못이나 실패와 상관없이 사회적·자연적 우연성(지능, 피부색, 신체적 능력, 사회적 신분)으로 인해 어쩔 수 없이 불리한 위치에 놓이게 된 사람을 의미한다.

대를 들이대는 것은 오히려 정서적인 문제가 된다. 내가 속한 집단이나 계층에게 유리한지 불리한지에 따라 사람들은 정의롭다는 것에 대하여 다른 생각을 가지기 때문이다.

절대적인 정의가 불가능한 것이라면 현실적인 대안으로 다수의 사람들이 용인할 수 있는 정도의 불공평에 대해서 고민하는 것이 더 유용할 수 있다. 다수의 사람들이 받아들이기 어려운 불공평이나 불공정이 사회에 만연해 있다면 그 사회는 위험한 상황에 처한 것이다. 인류의 역사를 돌이켜 볼 때 불공평이나 불공정이 일정 수준을 넘어서는 상황에서 다수의 사람들이 현실을 바꾸려는 극단적인 방법을 찾고 그 과정 속에서 많은 희생과 사회적 혼란을 경험한 교훈을 찾을 수 있다.

따라서 사회정의에 대한 사회적 합의가 중요하다. 사회적 합의는 한 사회의 선택과 판단의 문제이다. 자유와 평등의 의미를 기계적으로 적용하지 않고 개인의 자율성을 보장하면서 사회구조적 문제점을 해결할 수 있는 방향으로 논의해야 한다. 그렇다면 바람직한 사회정의를 위해서는 어떻게 해야 할까? 앞서 살펴본 자유와 평등의 논의를 중심으로 정리하면 다음과 같은 원칙과 사회적 합의가 필요하다.

첫째, 기회의 균등이다. 기본적인 기회가 동일하게 주어져야 한다.

둘째, 과정의 공정이다. 공정한 규칙하에서 경쟁하도록 해야 한다.

셋째, 결과의 공정한 보상이다. 결과의 보상에서 공정성은 사회적 약자에게 필요한 지원을 통해 사회발전의 성과를 누릴 수 있도록 보장하는 것에서 시작되어야 한다.

물론 이러한 사회적 합의의 가장 큰 전제는 인간의 존엄성이라는 절대적 가치일 것이다.

제4부

사회복지의 발전과 전망

제10장 사회복지의 역사
제11장 사회복지와 경제
제12장 사회복지 발전의 조건
제13장 21세기의 사회복지

제10장 · 사회복지의 역사

❖

우리가 역사를 공부하는 이유는 과거를 통해서 현재를 이해하고 미래를 준비하기 위해서이다. 그런 측면에서 사회복지의 역사를 살펴보는 것은 현대 복지국가의 모습을 이해하고 우리가 추구해야 할 복지국가의 발전상을 찾아보기 위함이다. 복지국가의 3대 사회보장 분야인 사회보험, 공공부조, 사회서비스 영역은 근대 자본주의 발전과 함께 현대적인 제도의 원형(原型)을 갖추었지만, 그 뿌리는 근대 이전으로 거슬러 올라간다. 일반적으로 사회복지의 발달 역사는 크게 빈민법 시대, 사회보험 시대, 복지국가 시대로 구분한다.

1. 빈민법 시대

1) 엘리자베스 빈민법(1601)

중세의 빈민구제는 봉건주의 질서하에서 교회의 자선 중심으로 이루어졌다. 중세의 구빈사업은 주로 교구[73]에 의해 운영되었으며, 교구는 시간이 지남에 따라 빈민구제를 위한 세금 징수권을 갖게 되었다. 중세 시대는 봉건주의 경제체제로서 피지배계층은 농민들과 장인들로 구성되었으며, 중세 영국의 경우 농민의 절반 정도가 농노였다. "농노들은 영주에 대해 부역(1주일에 3~4일 정도 영주의 직영지 농사일)과 임시 부역(파종기와 추수기 등 농번기의 부역) 등 일정한 의무를 지니고 있었다."[74] 흑사병이 발생(1348~1349)하고 유럽의 인구는 급감하였는데, 이는 농민들의 부랑화를 초래한 직접적 원인이 되었다.

인클로저 운동과 1594~1597년 계속된 기근은 농민들의 농촌이탈과 도시 유입을 증가시켰다. 농민들의 토지로부터의 이탈은 빈곤 계층을 확대시켰고 이들에 대한 문제가 사회문제가 되면서 빈곤계층에 대한 여러 법들이 제정되었다. 1601년 엘리자베스 여왕은 이전부터 존재했던 각종 빈민들에 관한 법들을 집대성하여 빈민법(poor law)을 제정하였다. 당시 빈곤은 부랑자의 대규모 도시유입 문제로 인식되었고, 빈민은 기존 사회질서의 위협으로 취급되었다. 당시의 빈민법은 빈민들을 구제 가치가 있는 빈민(노인, 장애인, 과부, 아동)과 구제 가치가 없는 빈민(노동능력이 있는 빈민)으로 구분하고, 각각의 상황에 따라 그에 상응하는 처우를 하는

73 교구(parish)는 종교적인 행정구역을 의미하지만, 가톨릭 중심의 중세에는 지역의 공동체 단위로서 기능하였다.

74 원석조(2016), 『사회복지발달사』, 공동체, p. 28.

것을 골자로 하였다.

노동능력이 없는 빈민은 구빈원 또는 자선원에 수용하고, 노동능력이 있는 빈민은 교정원이나 작업장에서 강제로 일을 시키고, 아동은 도제로 삼았다. 이와 같이 빈민을 노동능력 유무에 따라 구분하여 처우를 달리하였다. 엘리자베스 빈민법은 빈민에 대한 국가의 책임을 최초로 인정하였다는 점에서 사회복지의 출발점으로 평가받는다. 하지만 이 법은 국가가 빈곤계층을 통제하는 성격도 갖고 있다는 점에서 빈곤층에 대한 지배층의 의식이 반영된 것으로 평가할 수 있다.

2) 산업화의 진행

중세는 교구마다 자선원을 갖고 있으며 자선원을 통해 구빈사업을 자체적으로 시행했다. 교구는 빈민구제 재정 문제를 주로 지역의 대지주를 통해 해결하였으며, 구제의 방법과 기준은 교구마다 달랐다. 그 결과 빈민들이 처우가 나쁜 교구에서 좋은 교구로 이동하는 현상이 발생하기도 하였다. 특히 빈민들이 대규모로 유입된 도시교구는 위기의식을 갖게 되었고, 급기야 빈민들의 이동을 막는 법(정주법, 1662)을 제정하였다.

여전히 구빈책임을 지고 있는 지방정부는 작업장 운영을 통해 구빈비용을 충당하거나 일부 지방정부는 작업장 운영을 민간 기업가에 위탁하기도 하였다. 그러나 이러한 작업장의 운영은 대규모 교구만이 가능하였다. 이에 영세한 교구들이 연합하여 교구연합을 만들어 작업장을 운영하는 것을 허용하는 법(길버트법, 1782)

을 제정하였다.

이후 1795년에는 버크셔 지방에서 생계비와 가족 수를 고려하여 노동자의 임금을 보조해 주는 제도가 시행되었다(스핀햄랜드법). 이 법은 현대적 의미의 빈곤선(poverty line)의 원조라 할 수 있으며, 최저생계비 개념을 적용하였다는 의미를 갖는다. 그러나 스핀햄랜드법은 구호비용·조세 부담의 증가와 당시 산업화에 필요한 노동력의 자유로운 이동 억제로 인해 많은 비판을 받게 되었다.

산업화가 본격화됨에 따라 빈민들은 농촌에 남아 있기보다는 일자리를 찾아 도시로 떠나게 되었다. 하지만 그들은 새로운 공장제도하에서 노동력을 착취당하고 빈곤을 벗어나지 못했다. 빈민의 수와 빈민구제 비용은 날로 증가하였으며, 빈민들에 대한 억압으로 빈민들의 분노는 커져만 갔고 빈민법 개혁과 폐지에 대한 요구가 제기되었다.

3) 신빈민법(1834)

빈민법에 대한 폐기 요구, 즉 빈민구제의 사회적 문제점을 제기하는 자유주의적 사고방식의 확대하에 영국의 빅토리아 여왕(Victoria, 1819~1901) 시대는 자조(self-reliance)가 시대정신으로 자리잡게 되었다. 농업시대에 만들어졌던 엘리자베스 빈민법은 더 이상 사회적인 기능을 제대로 수행하지 못하게 되었다. 산업화가 진행되고 자유주의적 사고가 확대된 시대에 맞는 빈민법 개정이 필요하였다. 농민들의 소요와 노동자들의 폭동은 계속되었고, 이에 1832년 왕립빈민위원회는 빈민법을 전면적으로 검토하였다.

왕립빈민위원회는 스핀햄랜드 수당과 같은 임금보조제도가 빈곤층의 게으름과 나태의 원인이라는 내용의 보고서를 발표하였다.

이러한 보고서의 내용이 반영되어 1834년 빈민법이 대폭 개정되었는데, 이를 신빈민법이라고 한다.[75] 신빈민법에서는 임금보조 수당을 폐지하고 열등처우의 원칙, 작업장 입소자격 심사원칙, 작업장 균일처우의 원칙을 규정하였다. 그중에서도 가장 중요하고 역사적 의미를 가진 것이 열등처우의 원칙(principles of less eligibility)이다. '공공부조 대상자의 처우가 자립적인 노동자의 처우보다는 열등해야 한다'는 원칙이다. 한마디로 표현하면 노동으로 인한 수입이 공적 빈민구제액보다 많아야 한다는 것이다. 빈민구제액이 노동 수입액보다 많으면 노동을 하지 않고 빈민으로 남아 있을 것이기 때문이다.

이러한 원칙들이 확립됨으로써 산업화 시대의 빈민에 대한 구제의 기본적인 골격이 갖추어졌다. 그러나 작업장에서의 비인간적인 처우와 열악한 환경 문제, 산업화의 성숙에 따른 저임금 노동자 문제가 제기되면서 신빈민법에 대한 비판이 증가하였다. 신빈민법 시행에 따른 작업장에서의 비인도적 처우와 빈민들의 열악한 생활상은 여전히 해결되지 않았다.[76]

---

75 동일한 빈민법이지만 엘리자베스 여왕 시대의 빈민법을 구빈민법, 빅토리아 여왕 시대의 빈민법을 신빈민법으로 구분한다.

76 찰스 디킨스의 유명한 소설인『올리버 트위스트』가 바로 작업장의 폐해를 잘 보여준다.

2. 사회보험의 시대

1) 사회보험 탄생

사회보험은 자본주의 발달과 함께 형성된 제도이다. 사회보험 출범 당시에는 주로 육체노동자들을 가입 대상으로 하였으며, 육체노동자들에게 발생할 수 있는 사회적 위험인 산업재해, 질병, 실업과 퇴직에 대한 대응책으로 사회보험이 시작되었다. 역사적으로 자본주의가 가장 발달하였던 영국에서 사회보험이 출현하지 않고 후발 공업국가인 독일에서 세계 최초의 사회보험이 출현하였다.

영국과 프랑스에 비해 산업화가 늦었던 독일은 19세기 중반 들어 급격한 산업화와 성장을 경험하게 된다. 1871년 통일제국을 처음으로 형성하고 민족통일과 산업화를 달성하기 시작한 즈음 사회주의자들의 위협과 사회주의에 동조하는 노동자 계급은 강력한 독일제국 건설에 상당한 장애물이었다. 노동운동이 격화되면서 당시의 재상인 비스마르크는 사회통합을 위한 '채찍과 당근'으로 직접적인 사회주의자 탄압책과 더불어 사회보험제도를 시행하였다.

노동자들을 사회주의 운동으로부터 보호하고, 노동력을 상실하거나 노동을 중단하게 만드는 위험으로부터 보호할 수 있는 당근 정책으로서 사회보험제도가 독일에서 인류 역사상 처음 시행되었다. 1883년 의료보험, 1884년 산업재해보험, 1889년 연금보험(양로 및 폐질廢疾)이 차례로 시행됨에 따라 세계 최초의 사회보험이 탄생하게 된 것이다.

이 시기에 현대적 사회보험제도와 유사한 노동자·사용자의 보험료 분담 틀도 갖추어져 시행되었다. 물론 이러한 시행과정이 순탄하지만은 않았다. 대기업과 중소기업 간, 자유주의와 보수주의 간, 부르주아와 노동자 간의 이해관계에 따라 사회보험에 대한 입장 차이가 존재했으나 다양한 세력들을 국가 내로 포섭하려는 강력한 리더십과 설득·타협하에 시행되었다. 독일에서 시행된 사회보험은 노동력을 가진 노동자를 사회적 위험에 대비하도록 만드는 제도라는 점에서 빈민법과는 완전히 다른 사회경제적 배경하에서 시행된 복지제도이다. 이와 같이 복지제도는 당시의 사회적·경제적·정치적 환경 속에서 시대의 요구에 따라 잉태된다.

2) 사회보험의 도입과 이해관계자 정치

독일에서 탄생한 사회보험은 인근 유럽 국가들로 확산되었다. 영국에서는 1911년 질병보험과 실업보험으로 구성된 국민보험법이 제정되었다. 1906년 집권에 성공한 자유당은 빈민법과는 다른 복지 정책들을 도입함으로써 영국 복지국가의 기초를 놓았다. 1906년 교육법, 1907년 노동자보상법, 1908년 아동법, 1908년 노령연금법을 도입하였으며, 1911년 국민보험법까지 광범한 사회복지 정책들을 시행하였다. 국민보험법은 자유당 정부의 재무성 장관인 조지(Lloyd George)와 상무성 장관인 처칠(Winston Churchill)이 주도하였다. 이들은 "사회보험이 사회주의에 대한 방파제가 된다고 확신하였으며 사회보험의 도입 필요성을 역설하였다. 사회보험을 포함한 자유주의적 사회개혁이 부자와 빈민 사이의 양극화를 막아 사회를 공고히 하는 피라미드와 같은 역할을 한다고 주장하였다."[77]

그러나 의료보험제도는 공제조합, 보험회사, 의사 등 강력한 기득권 집단들과 오랫동안 타협을 거쳐 시행되었다. 의료보험 제도화 과정에서 공제조합, 노동조합, 보험회사, 의사회 등의 이해관계가 상충하여 가입 범위, 급여 수준에 대한 타협을 거쳐 원안에 비해 큰 수정이 이루어진 상태로 성립되었다. 반면 실업보험은 의료보험에 비해 원만한 타협 과정을 거쳐 성립되었는데, 실업기금을 가진 일부 노조의 이해관계만 있을 뿐 실업보험 자체가 새로운 제도였다는 점이 제정 과정에서 유리하게 작용하였다. 의료보험과 실업보험 모두 고용주와 노동자, 국가가 기여금을 납부하는 3자 부담방식으로 확정되었다.

사회보험의 이해관계자들은 첨예한 대립을 보였다. 이러한 이해관계의 차이는 비용 부담과 혜택을 둘러싼 것이었으며, 이를 조정하고 타협하는 과정에서 현대 사회보험제도의 근간이 형성되었다. 따라서 국가별로 사회보험이라는 기본적인 틀은 유사하지만 비용 부담과 급여 혜택은 다른 모습으로 형성되었다.

사회보험의 강제성으로 인해 자본가 내, 노동자 내에서도 사회보험에 대한 입장 차이를 보였다. 거기에 여전히 사회적 기득권층인 지주세력의 이해관계는 더욱 복잡한 양상을 만들었다. 독일의 경우 사회보험은 대토지 소유계급(융커)이 주도했으며, 사회보험 비용을 주로 부르주아에게 부담 지우려 하였기 때문에 부르주

---

77 원석조(2016), 앞의 책. p. 156.

아의 반대에 직면했다. 반면 영국의 경우에는 자유주의자들과 부르주아들이 도입을 주도했고 비용 부담을 지주계급에게 전가하려 해 지주계급의 반대가 컸다.

이와 같이 사회보험 도입에 따른 경제적·사회적 이해관계의 대립은 국가별로 다르게 나타났으며, 제도의 차이를 가져왔다. 여기서 우리는 사회복지제도의 도입과 시행을 둘러싼 정치적·경제적 이해의 충돌은 불가피하며, 정치적인 리더십을 발휘하여 이해관계를 조정하는 것이 중요하다는 점을 확인할 수 있다.

3) 대공황과 사회보장법

루스벨트(Franklin Roosevelt, 1882~1945)의 사회보장법은 미국 '사회보장(social security)'의 출발점이다. 미국은 역사적으로 국가의 역할과 개인의 책임(빈곤이나 개인 생활의 유지)에 대한 인식에 있어서 개인주의와 자유주의가 지배적인 사회였다. 따라서 국가가 개인의 삶에 적극적으로 개입하는 사회보장제도의 도입은 미국 역사에서 상당히 획기적인 사건이었다.

미국은 1910~1920년대 급속한 경제성장을 이루었지만 이른바 1929년 대공황으로 인해 극심한 경기 침체를 경험하게 된다. 1929년에서 1933년 사이에 국민소득은 급감하고, 노동인구의 약 29%가 실업자가 되는 등 미국 경제는 활로를 찾지 못하였다. 이전에는 미국 사회의 가치에 따라 민간 자선기관들이 빈민들을 구제하였으나, 대공황 이후 민간의 구빈 활동으로는 빈곤에 빠진 수많은 실업자들을 구제하는 데 한계가 있었다. 국가적 차원에서의 대응이 요구되었다. 1933년 대통령으로 취임한 루스벨트는 새로운 사회 시스템인 뉴딜(New Deal) 정책을 추진하였다. 뉴딜 정책은 연방정부의 불개입원칙을 상당 부분 수정한 것으로서, 경제정책과 사회복지 정책으로 구성된다. 사회복지 정책 차원에서 시행된 것이 바로 1935년에 시작된 사회보장법이다. 사회보장법은 미국 최초의 연방정부 차원의 복지제도였으며, 미국 사회보장제도의 기초가 되었다.

사회보장법은 사회보험과 공공부조, 보건 및 복지서비스의 세 부분으로 구성되었다. 사회보험제도로는 노령연금과 실업보험이 시행되었다. 그러나 의료보험은 의사들의 반대에 부딪혀 시행되지 못하였다. 의사들은 의사협회를 중심으로 의료보험 저지운동을 전개하는 등 의회를 강하게 압박하였다. 결국 의료보험은 좌초되었으며, 그 결과 현재까지 미국은 국가가 관리하는 사회보험 방식의 의료보험제도가 시행되지 못하고 있다.[78] 공공부조는 65세 이상의 노령 빈민, 시각장애인, 요보호 아동을 대상으로 하고, 각 주가 독자적인 공공부조제도를 운영하면 연방정부는 재정의 일부를 보조하는 방식으로 성립되었다.

사회보장법 제정 과정에서 보수파 의원들은 사회보장제도가 사회주의 정책이라고 비난하면서 사회보장법을 반대하였다. 이러한 반대에도 불구하고 1935년 8월 의료보험을 제외한 사회보험법

78 다큐멘터리 영화 〈식코(Sicko)〉는 국가의료보험체계 부재로 인한 미국 사회의 문제를 풍자하는 영화이다.

이 시행되었으며, 미국의 역사에서 큰 의미를 갖게 되었다. 그러나 미국의 자유주의(연방정부의 불개입주의)와 개인주의적 가치로 인해 주마다 서로 다른 공공부조제도와 실업보험제도, 사회복지서비스가 시행되고 있다는 점에서 유럽의 사회보장제도와는 차이를 보이고 있다.

3. 복지국가 시대

1) 복지국가의 본격적 태동: 베버리지 보고서

제2차 세계대전은 이전의 전쟁과는 달리 전면전 형태로 전개되었고 국민의 생활도 전시체제로 바뀌었다. 영국의 경우, 전시내각의 수상이었던 처칠은 전쟁 중에 전쟁으로 피폐해진 국민들에게 희망을 주기 위한 사회적 약속을 제시하였다. 전시내각은 전후의 새로운 사회질서에 대한 청사진을 제시하는 보고서를 발표하였는데, 이 보고서가 바로 '베버리지 보고서(Beveridge Report)'이다.

베버리지 보고서는 베버리지를 위원장으로 하는 '사회보험과 관련 서비스에 관한 범정부위원회'에서 영국의 사회보장제도를 조사·분석하여 전후 영국의 국가재건을 위한 목표로 제시한 것이었다. 정부간행물임에도 불구하고 당시 약 65만 부가 판매되었다. 정부보고서가 그것도 전쟁 중에 60만 부 넘게 판매되었다는 것은 당시 영국 국민들의 새로운 세계에 대한 염원과 희망을 잘 보여 준다.

베버리지 보고서는 사회발전의 5대악으로 결핍(빈곤), 질병(건강), 무지(교육), 불결(주거), 나태(실업)를 제시하고, 이러한 사회악을 해결하기 위해 소득보장, 의료보장, 무상교육, 공공주택, 완전고용을 대책으로 제안하였다. 또한 사회보장의 수준을 국민최저선(national minimum)으로 제시함으로써 본격적인 복지국가의 토대가 되었다.

2) 복지국가의 성장기(1940년대 중반~1970년대 초반)

제2차 세계대전 이후를 본격적인 복지국가의 출발점으로 보는 것이 일반적이다. '요람에서 무덤까지'를 표방하는 사회보장제도가 확대된 시기로서 제2차 세계대전 이후부터 1970년대 중반까지를 복지국가의 성장기로 본다. 이 시기는 시민권에 기초한 포괄적이고 보편적인 복지제도를 확대함으로써 복지 분야 정부 지출이 증가하고 복지급여 대상자·급여 수준의 향상이 이루어져 복지국가의 황금기(golden age)라고도 한다.

복지국가의 황금기는 전 세계적인 경제 호황, 민주주의의 정착과 발전, 시민권의 확대가 있었기에 가능했다. 1973년 석유 파동(1차 오일 쇼크)이 발생하기 전까지 경제 호황으로 인해 복지 예산의 증가를 감당할 수 있는 경제적 재원이 안정적으로 뒷받침되었고, 노동계급의 정치세력화를 통한 노동정당의 출현과 집권, 노동과 자본의 사회협약, 복지와 관련된 권리를 인권의 하나인 시민권으로 인정하는 인식의 확산이 있었기 때문에 복지국가가 발전할 수 있었다.

3) 복지국가의 위기(1970년대 중반~1990년)

1973년 석유 파동과 그로 인한 세계 경제 침체, 실업률 증가로 인해 복지국가의 물적 토대가 흔들리면서 복지국가는 위기를 겪게 되었다. 경제 침체로 인해 정부의 세수는 감소하는데 복지 지출은 증가하면서 재정적자 문제가 대두됨에 따라 복지국가는 공격을 받게 되었다. 즉, 재정적자의 가장 큰 비중을 차지하는(정부 지출의 큰 부분을 차지하는) 복지 지출 축소에 대한 압력이 증가하였다. 복지국가의 황금기를 가능케 했던 경제가 위기에 빠짐으로써 복지국가도 위기에 처하게 된 것이다. 더불어 노동과 자본의 정치적 타협이 흔들리고 노동세력이 약화되면서 복지국가의 정치적·경제적·사회적 토대가 흔들리게 되었다.

대표적인 복지국가의 개편은 영국의 대처리즘과 미국의 레이거노믹스라는 정치이념에 의해 추진되었다. 1979년 집권한 영국의 대처 정부는 자유경제와 강한 국가를 표방하는 대처리즘을 바탕으로 공공지출 삭감, 국영기업 민영화, 규제완화 정책을 시행하면서 복지국가의 기본 틀을 변화시키는 작업을 진행했다. 과도한 복지 지출이 재정적자를 가져오고 경제성장을 둔화시켰다는 인식하에 복지 지출 삭감을 추진하였다. 국민의 복지에 대한 국가의 책임을 자조와 개인 책임의 원칙으로 대체하였다. 미국의 레이건 정부 또한 재정위기를 극복하기 위한 방편으로 연방정부의 사회복지비 삭감과 급여 수준 및 서비스 축소 정책을 시행하였다.

이 시기의 복지를 대표적으로 표현하는 용어가 '노동연계복지(workfare)'로서 복지수혜의 전제조건이 노동이라는 의미를 담고 있다. 즉 이전의 관대하고 높은 수준의 급여를 보장하는 복지(welfare)가 아니라 노동이 전제되지 않은 복지급여는 삭감하거나 폐지한다는 의미이다.

4) 복지국가의 재편기(1990년 이후)

20세기 말부터 영국과 미국을 비롯하여 서구 복지국가들은 재편과정에 있다. 세계화라는 자본의 초국가적 운영방식과 이를 뒷받침하는 '신자유주의'라는 이데올로기가 부상하면서 복지국가에서 시행되는 사회복지제도는 근본적인 변화의 압력에 놓이게 되었다.

복지국가의 성장기에 시행된 사회복지제도는 제조업을 바탕으로 하는 대량생산 방식의 산업사회의 사회경제적 구조를 반영한 것이다. 초국가적 자본 이동과 국가 간 경쟁의 심화, 탈산업화로 인해 과거의 자본주의 경제체제의 운영방식이 변화되면서 자본주의 성장과 궤를 같이했던 사회복지제도 또한 변화하게 되었다. 또한 복지국가의 대표주자인 북유럽과 서유럽에서 노동계급 연대가 약화되고 사회민주주의 정당들의 퇴보에 따라 보수정당들이 집권하는 등 복지국가는 이전의 성장기와는 분명 다른 모습을 보이게 되었다.

이를 두고 혹자는 복지국가의 후퇴라고 평가하지만, 국가에 따라 복지국가의 조정과정은 다른 양상으로 나타나고 있다. 즉, 세계화와 신자유주의에 대응하는 복지국가들의 반응은 개별 국가의 복지제도의 유산과 정치구조에 따라 다른 모습을 보이고 있다. 스웨덴, 노르웨이, 덴마크 등 스칸디나비아 국가들이 선택한 길과, 앞서 살펴본 미국과 영국이 선택한 길은 달랐다. 스칸디나비아 국가들은 소득보장 프로그램을 기본적으로 유지하면서 적극적 노동시장 정책과 사회서비스 확대를 추구하였다는 점에서 복지 축소와 긴축재정의 길을 간 영국, 미국과는 다른 모습을 보였다. 물론 스칸디나비아 국가들에서 복지국가의 성장기에 비해 복지급여의 수준이나 대상 면에서 분명 축소된 모습이 나타났지만, 복지국가의 후퇴라는 평가를 받을 정도는 아니라고 보는 것이다.

신자유주의 전략을 강하게 추진했던 미국이나 영국의 경우 경제성장률은 향상되었지만 여전히 실업률 문제가 해결되지 않고 있다. 임금 수준의 하락으로 인해 근로빈곤층(working poor)이 증가하고, 소득 불평등 문제가 심화되고 있다. 실제로 복지국가의 복지 지출은 급격한 감소를 보이기보다는 오히려 완만한 증가 추세를 보이고 있다는 점에서 복지국가의 해체 혹은 후퇴라는 평가에 대해선 여전히 논쟁의 여지가 있다. 실제로 영국의 공공복지 지출은 대처 정권 이후에도 크게 감소하지 않고 있다. 신자유주의의 득세와 더불어 복지국가의 해체 혹은 후퇴라는 평가는 좀 더 신중한 판단을 요한다.

5) 제3의 길

1997년 영국의 총선에서 신노동당이 집권하면서 토니 블레어(Tony Blair) 총리는 런던정치경제 대학의 사회학과 교수인 기든스(Anthony Giddens)가 제창한 '제3의 길(The Third Way: The Renewal of Social

Democracy)'을 주요 이념으로 채택하였다.

제3의 길은 사회주의의 수정판인 '사회민주주의'와 보수주의의 개정판인 '신보수주의(신자유주의)'의 양극단적 이념이 새로운 사회의 대안이 될 수 없다면서 사회가 중도적 방향으로 나아가야 한다며 제시한 것이다. "블레어 정부의 복지개혁의 핵심적 내용은 '일할 능력이 있는 사람들에게는 일자리를, 그리고 일할 능력이 없는 사람들에게는 사회보장을'이라고 요약할 수 있다."[79] 제3의 길에서 제시한 복지개혁은 모든 국민에게 사회보장을 하나의 권리로서 인정하고 국가의 적극적 보장이라는 보편주의로부터 국민에게 일정한 의무를 부과하고 일할 수 없는 사람에게만 사회보장을 제공하는 선별주의로 복지 정책의 궤도를 수정하였다는 의미를 가진다.

기든스는 권리에 상응하는 책임을 강조하고, 새로운 사회계약이 필요하다고 주장하면서 직접적 소득재분배가 아닌 교육·훈련을 통한 고용기회의 재분배에 방점을 두고 있다. '복지에서 노동으로(welfare to work)'라는 구호를 통해 제3의 길은 국가의 직접적 개입보다는 시민들의 적극적인 역할과 개인적 책임을 독려하는 새로운 사회계약을 강조하고 있다.

---

79 박병현(2011), 『사회복지의 역사』, 공동체, p. 140.

제11장 · 사회복지와 경제

이번 장에서는 사회복지의 확대와 관련하여 항상 논쟁이 되고 있는 '복지와 성장'의 문제를 다루고자 한다. 복지와 성장의 문제를 이해하려면 먼저 자본주의 발전과 그에 따른 경제이론의 변화에 대해 알아야 한다. 복지국가는 자본주의 경제체제를 기반으로 하고 있다는 점에서 '복지자본주의(welfare capitalism)'로 표현되기도 한다. 따라서 사회복지를 이해하고 관련 이슈를 파악하기 위해서는 자본주의 경제의 발전과정과 관련 이론에 대한 이해가 필수적이다.

1. 경제사상과 복지국가

1) 자본주의 발달과 경제사

18세기 후반 산업혁명이 영국에서 시작된 후, 생산력의 급속한 증대는 자본주의 경제의 발달을 가져왔다. 1775년 영국의 아담 스미스(A. Smith)는 『국부론』을 통해 시장에서의 거래는 가격 기능을 통해 유지되고 시장거래를 통해 자본축적이 가능하다고 주장하였다. '보이지 않는 손(invisible hand)'에 의해 자본주의 경제가 발전한다는 것을 보여 줌으로써 자유주의 시스템이 가져오는 생산력의 증가 및 국가의 부(wealth) 향상을 강조하였다. 『국부론』은 자본주의 경제사의 출발점이라고 할 수 있으며, 이후 경제학설의 근원이 되고 있다.

19세기 경쟁과 자유를 기초로 한 자본주의의 발달은 이전에 없었던 생산력의 증대를 가져왔지만 한편으로 대규모 생산 시스템에서 노동력을 제공하고 있는 노동자들의 삶은 비참한 수준이었다. 『국부론』이 출간된 후 약 100년이 지난 1867년, 칼 마르크스(Karl Marx)는 『자본론』을 통해서 자본주의 경제체제를 비판하면서 사회주의를 제창하였다. 노동계급이 생산하는 잉여가치를 독점하는 자본계급은 노동력을 더 착취함으로써 이윤을 증가시키려 할 수밖에 없다. 그러나 노동력 착취를 통한 이윤 증대에는 한계가 있고, 결국 자본계급의 이윤은 감소하게 되어 노동계급에 대한 자본계급의 지배력이 약화됨으로써 자본주의체제가 붕괴될 수밖에 없다는 마르크스의 이론은 19세기 유럽 사회에 큰 영향을 미쳤다.

20세기 들어 자본주의는 더욱 발전하였지만 자본주의 경제에서 필연적인 경기순환 과정에서 경제위기를 겪게 되고, 이에 대한 정책 처방을 두고 두 명의 거장이 등장한다. 프리드리히 하이에크(F. Hayek)와 존 메이나드 케인즈(J. M. Keynes)가 바로 그들이다. 이들은 자본주의 경제가 진화한 20세기에 시장의 본질, 시장과 국가, 경제와 정치의 관계에 대해 시각 차이를 보이는 대표적인 경제학계의 거장이라고 할 수 있다. 자본주의 경제체제를 유지하기 위해서 필요한 것이 무엇인지에 대해 서로 다른 가치와 처방을 제시한 이들은 자본주의 경제체제뿐만 아니라 사회복지 정책의 형성과 변화에도 큰 영향을 미쳤다.

2) 케인즈와 하이에크의 경제관점

영국의 케인즈는 1940~1970년대 자본주의 국가의 경제 정책에 큰 방향을 제시하였다. 1940년대 당시는 2차례의 세계대전과 경제 침체로 인한 경제공황 상태로, 자본이 집중되고 소비는 위축된 상황이었다. 만성적인 수요 부족으로 인해 공급과잉 및 상품재고 증가, 그에 따른 기업 도산으로 실업자가 증가하였으며, 실업자의 증가는 다시 소비의 위축을 가져오는 악순환을 경험하고 있던 시대였다. 이러한 경제상황에서 케인즈는 '유효수요(effective demand)' 이론을 제시하였다.

유효수요는 실제로 상품을 구매할 수 있는 수요로서, 물건을 구매하려는 욕구와 물건을 살 수 있는 구매력이 뒷받침되는 수요를 의미한다. 케인즈는 시장상품의 소비로 연결될 수 있는 실질적인 수요 확대가 당시 경제상황의 해결책이라고 보았던 것이다. 하지만 당시 경제상황에서 개인 및 기업은 경제의 악순환 고리에서 벗어날 수 있는 힘이 부족하다는 점에서 케인즈는 국가(정부)의 역할을 강조하였다. 재정 지출을 확대함으로써 일자리를 늘리고, 민간의 소비를 촉진시키는 금융 정책(통화량 확대)을 통해 유효수요를 증대시키는 것이 정부의 역할이라고 보았다. 즉, 자본주의 경제체제하에서 재정 정책 및 금융 정책을 통한 국가의 적극적 역할을 강조하는 입장이다.

1970년대 두 차례의 오일 쇼크로 스태그플레이션 현상이 발생하는 등 세계경제는 다시 한 번 큰 위기를 겪게 된다. 당시의 경제상황에서 케인즈의 경제처방에 의문이 제기되면서 잊혀졌던 경제학자 하이에크가 소환된다. 오스트리아 출신인 하이에크는 케인즈에 비해 상당한 시간 학계에서 주목을 받지 못하였지만, 1974년 노벨경제학상을 수상하였다. 그는 자유주의 입장에서 경제계획과 정부의 경제개입에 대해 비판적이었으며, 대처리즘과 레이거노믹스 같은 신자유주의 이념의 기초적인 사상을 제공하였다. 그는『노예의 길(The Road to Serfdom)』이라는 저서를 통해 정부의 개입과 점진적 개혁은 궁극적으로 국가를 전체주의의 길로 들어서게 할 뿐만 아니라 국민을 노예가 되도록 이끄는 길이라고 강조하였다.

1970년대 이후 세계경제는 정부의 규제로 인해 노동시장의 유연성이 저하되고, 원자재 가격 상승으로 생산원가가 상승하면서 물가 상승을 초래하였다. 수익성이 낮은 기업들의 도산 및 실업 증가, 소비 위축이 세계경제 침체의 원인이라고 진단하였다. 하이에크는 시장질서 유지를 위해 정부의 재정 정책 등의 역할을 축소하고 정부규제를 완화하자는 대안을 제시하면서 케인즈의 사상과는 배치되는 주장을 하였다. 하이에크는 시장의 자동조절 기능에 대한 신뢰를 갖고 있으며, 케인즈의 정책 처방을 비판하였다.

3) 케인즈와 하이에크의 사상이 복지국가에 미치는 영향

케인즈는 경제주체로서 개인과 기업 외에 정부의 역할을 중시하였다. 경제적 자유를 인정하지만 공공선을 위한 일정한 제한을 수용해야 한다는 입장이다. 즉, 자본주의 시장경제는 일정한 결함이 있으며, 제도적 요인들을 통해 결함을 보완할 필요가 있는데, 바로 정부의 재정 정책과 금융 정책을 통해 보완이 가능하다는 입장이다. 현대 국가의 대다수가 수정자본주의를 채택하고 있다는 점에서, 정부의 역할을 인정하고 정부가 시장경제에 개입하는 것이 필요하다는 케인즈의 주장은 현대 국가의 경제 시스템에 직·간접적으로 반영되어 있다.

복지급여로서 제공하는 연금이나 수당, 각종 현금 지원은 정부의 재정 지출이라고 할 수 있으며 유효수요를 확대시키는 역할을 하게 된다. 케인즈의 경제사상이 영향을 미쳤던 1950~1970년대는 바로 복지국가의 황금기와 겹친다. 복지국가는 시장경제의 문제점을 인정하고 이를 시정하기 위해 국가가 적극적으로 개입하는 시스템이다. 따라서 케인즈의 경제사상과 복지국가는 개념적으로 친화성이 높다.

반면 하이에크는 시장의 조절 기능이 일시적으로 문제가 있다 하더라도 이를 국가의 계획이나 정책을 통해 변화시키려 시도하면 오히려 더 큰 문제를 가져온다고 보았다. 즉 시장의 조절 기능이 회복되어 시장의 자율적 질서가 바람직한 사회적 배분을 가져오기 때문에 정부의 역할을 축소하는 것이 필요하다는 주장이다. 따라서 하이에크는 시장의 역할을 확대하고 정부의 역할을 축소하는 작은 정부론에 입각하여 큰 정부와 연계되는 복지국가를 반대하는 입장을 취하고 있다. 하이에크의 사상은 노동시장의 유연화, 규제 완화, 복지 축소를 강조하는 신자유주의에 반영되어 현재 우리 삶에도 영향을 미치고 있다.

이와 같이 두 거장의 경제사상은 경제영역뿐만 아니라 복지영역에서도 우리 삶에 영향을 미치고 있다. 시장과 정부, 경제와 정치, 국가와 민간 등 다양한 관점에서 자본주의 경제체제와 국가(정부)의 역할에 대한 논쟁은 여전히 진행 중이다.

2. 복지와 경제성장의 관계

1) 성장과 분배

한국에서 벌어지고 있는 복지 논쟁은 크게 두 가지 측면이 있다. 첫째는 우리 사회에서 복지를 확대하는 것에 대한 찬반 논쟁이다. 둘째는 복지 확대에는 찬성하지만 어떤 방법으로 확대할 것인지에 관한 논쟁이다. 첫 번째 논쟁인 복지 확대에 대한 찬반 논쟁은 달리 표현하면 성장과 분배의 상충성에 관한 문제라고 할 수 있다. 두 번째 논쟁은 성장과 분배의 우선순위의 문제로서 '선 성장, 후 분배'의 논리와 '분배를 통한 성장과 분배의 조화'의 논리의 대립과 관련되어 있다.

흔히 경제 규모를 파이의 크기에 비유하곤 한다. 파이를 먼저 키우고 난 후에 분배하는 것이 사회 구성원들의 몫을 크게 할 수 있다는 입장도 있고, 파이가 상당한 정도로 커졌으니 그동안 혜택을 받지 못한 구성원들에게 일단 파이를 분배함으로써 파이를 더 키울 수 있는 잠재력을 기를 수 있다는 입장도 있다. 성장과 분배는 양자택일의 관계일까? 아니면 선후의 관계일까? 아니면 성장과 분배는 병행관계일까?

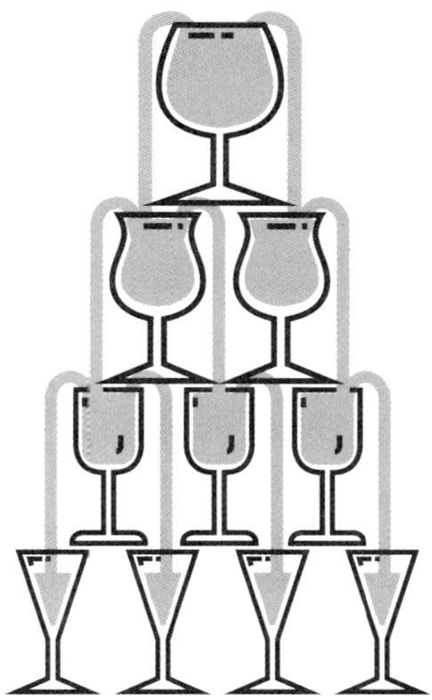

〈그림 11-1〉 낙수효과

2) 낙수효과와 분수효과

앞서 언급한 논쟁과 관련하여 경제학에서 자주 언급되는 것으로 낙수효과와 분수효과가 있는데, 이는 경제와 복지 혹은 성장과 분배의 관계를 단적으로 보여 주는 용어이다. 경제와 성장을 강조하는 관점이 낙수효과라면, 복지와 분배를 강조하는 관점이 분수효과이다.

먼저 낙수효과(trickle down effect)는 '선 성장, 후 분배'의 경제논리이다. 〈그림 11-1〉에서처럼 와인 잔이 위에서부터 가득 채워진 후에 와인이 흘러내려 아래의 잔이 차듯이 성장의 과실도 위에서 아래로 흘러가는 것이라고 설명한다. 대기업 및 부유층의 투자와 소비 증가로 인한 경기부양을 통해 전체 소득의 크기를 증가시켜야 저소득층의 소득증대로 이어질 수 있다는 것이다. 미국의 레이거노믹스 경제 정책이 경제 활성화를 위해 대기업 및 부유층의 세금감면 등의 정책을 강조하는 것이 낙수효과의 논리에 기초한 것이다.

하지만 낙수효과는 기대와는 달리 소득 양극화 해소에 도움이 되지 않았다. 미국의 경우 2012년 상위 0.1% 가구소득이 하위 90% 가구소득과 동일한 수준인 것으로 나타났다. 소수 부유층을 제외한 대다수의 국민은 성장의 과실의 혜택을 받지 못함으로써 낙수효과가 작동하지 않았다는 비판들이 제기되었다.

분수효과는 바로 분배의 악화만 가져오고 있는 낙수효과 경제 정책을 비판하면서 등장한 개념이다. 현실에서는 위의 잔만 가득 차고 아래의 잔으로 흘러내리지 않는 것으로 나타나고 있다는 점에서 낙수효과에 기반한 경제 정책과 분배 정책이 오히려 분배만 악화시켰다는 것이다. '분배를 통한 성장'에 강조점을 두는 경제 정책을 반영하고 있는 분수효과는 저소득층의 소비구매력 강화를 위한 복지급여 지원 등 분배 정책과, 대기업·부유층에 대한 세금 인상 정책을 제시한다. 하층부 잔이 채워지면, 즉 저소득층의 소

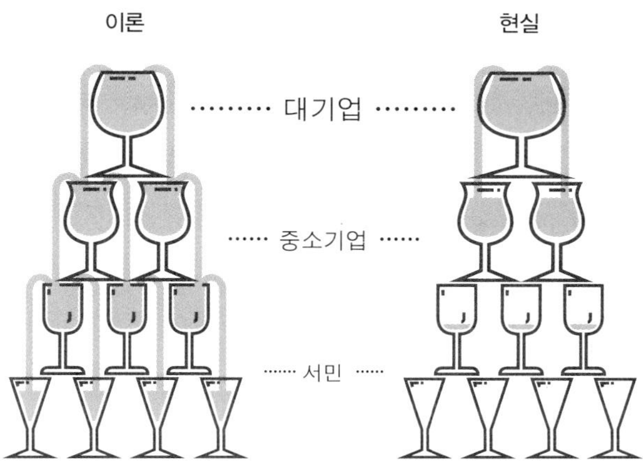

〈그림 11-2〉 낙수효과의 이론과 현실

〈그림 11-3〉 분수효과

비구매력이 보장되면 소비가 증가하고, 이는 기업의 생산 및 투자 증가로 이어져 대기업 및 부유층에게도 성장의 과실이 돌아가 경제 활성화가 가능하다고 본다.

3. 복지와 성장을 둘러싼 담론

1) 재분배의 역설

무상급식, 무상보육 등 무상복지의 용어가 우리 사회에 널리 퍼져 있다. 무상복지를 둘러싼 논쟁은 정치적 지형과 맞물려 우리 사회의 이념적 갈등을 초래하고 있다. 복지의 대상자를 둘러싼 논쟁 중에는 왜 돈 많은 사람들한테까지 무상으로 혜택을 주느냐는 비판이 있다. 무상급식의 경우 제 돈 내고 먹을 수 있는 계층에까지 무상으로 급식을 하면 재원의 낭비를 초래하고 재분배의 원리에도 맞지 않다는 것이다. 그들은 선별적 복지가 더 효율적이고 재분배에 부합한다고 주장한다.

스웨덴의 사회학자인 코르피(W. Korpi)와 팔메(J. Palme)는 선별적 복지의 재분배와 상반되는 주장을 한다.[80] 이른바 '재분배의 역설'로, 저소득층에게만 초점을 맞추는 선별적 복지보다는 보편적 복지가 오히려 재분배의 효과를 더 크게 만든다는 것이다. 그들의 주장에 따르면 선별적 복지는 복지재정을 분담해야 할 계층의 동의를 이끌어 내기가 쉽지 않으며, 그 결과 복지는 약화되고 재분배 효과는 저하된다. 반면 보편적 복지는 보다 많은 계층에게 혜택을 제공함으로써 복지에 대한 동의를 얻기가 쉬우며, 다수의 계층이 지지하는 복지는 안정된 재정 확보를 가져와 복지 혜택을

---

80 Korpi, W. and Palme, J.(1998), "The Paradox of Redistribution and Strategies of Equality", *American Sociological Review*, 63(5), pp. 661~687.

더 강화시킨다. 따라서 보편적 복지가 재분배의 효과를 강화함으로써 저소득층에게 돌아가는 분배의 몫이 더 증가한다.

예를 들어, 기초연금을 선별적으로 시행하는 경우 가난한 노인은 20만 원을 받지만 보편적 방식으로 재정을 늘린다면 가난한 노인도 30만 원을 받을 수 있다.[81] 그렇다면 20만 원을 받는 것보다는 30만 원을 받는 것이 가난한 노인의 입장에서는 재분배 효과가 더 커지는 것이 아닌가. 스웨덴 등 북유럽 복지국가에서 우파정권이 집권하고 과거와 같은 경제성장이 뒷받침되지 못함에도 복지 정책이 쉽게 축소되지 않는 이유는 국민 다수가 복지 혜택을 받고 그 정책을 동의하기 때문이다.

선별적 복지가 얼핏 효율적이고 재분배 취지에 맞는 듯 보이지만, 선별적 복지의 문제는 혜택을 보는 자와 부담을 지는 자가 항상 구분되며 혜택을 보는 자는 소수라는 점이다. 혜택 없이 부담만 지는 다수는 항상 선별적 복지에 불만을 갖게 될 가능성이 높다. 따라서 선별적 제도는 정치적으로 공격을 받게 되고, 다수가 조세 부담에 대해 부정적인 입장이 되면 저소득층의 혜택은 더 줄어들게 된다.

인간의 이기심을 고려한다면 보편적 복지가 더 효율적이고 안정적인 제도이다. 혜택을 보는 만큼 더 찬성할 가능성이 높고, 부담만 질 경우 제도를 찬성할 가능성이 낮기 때문이다. 그리고 저

---

81 보편주의보다는 선별주의제도하에서 일반적으로 급여 수준이 낮은 경우가 많다는 점을 감안하여 볼 때, 보편주의에서의 급여를 높게 설정하였다.

소득층의 입장에서도 재분배되는 몫은 더 커진다. 코르피와 팔메의 주장은 저소득층과 중간계층을 포함한 다수가 혜택을 보는 제도하에서 다수의 동의를 확보하기 더 쉬우며, 따라서 보편적 복지가 재분배를 더 공고히 한다는 것이다.

결국 복지의 확대는 중간계층의 동의를 얼마나 확보하느냐가 관건임을 알 수 있다. 한 걸음 더 나아가 우리 사회에서 보편적 복지가 시행되지 못하는 것은 바로 중간계층의 동의와 중간계층의 복지 혜택 경험이 부재하기 때문이라는 설명이 가능하다.

2) 사회복지와 경제, 정치

복지와 성장의 관계에 대한 관점은 자본주의 경제체제에 대한 관점과 연관되어 있다. 자본주의 경제체제에 대한 관점은 제9장에서 살펴본 자유와 평등이라는 가치의 문제와도 관련되어 있다. 시장의 자유를 강조하는 하이에크의 관점에서는 자본주의 경제체제의 자동조절 기능을 강조하여 정부 역할의 제한을 강조하는 신자유주의적 사고로 확대되었다. 반면 자본주의 경제체제의 자동조절 기능에 대한 신뢰가 약한 케인즈의 관점에서는 정부의 일정한 역할을 강조하면서 복지국가의 이론적 토대를 제공하였다. 두 관점 모두 자본주의 경제체제의 발전과 성장을 위한 처방을 제시하였다는 점에서 공통점이 있다.

두 경제관점은 시대에 따라, 경제 상황에 따라 앞으로도 복지 확대와 관련된 중요한 논쟁점이 될 것이다. 관점이 대립되고 상충되는 지점에서 중요한 것은 바로 '정치'이다. 사회복지의 확대와 축소, 재분배, 성장의 관계에 대한 이론적 논의도 필요하지만 결국은 사회적 합의라는 과정을 거친다는 점에서 정치가 중요하다. 재분배의 역설에서 강조하고 있듯이 다수 구성원의 동의와 복지 혜택의 체득을 통한 복지에 대한 지지는 정치적 과정을 통해 이루어지고 있다.

3) 그리스 재정위기를 통해 본 복지·정치·경제

발칸반도의 남단에 자리 잡은 신들의 나라, 찬란한 고대 문명의 도시와 지중해의 아름다운 풍광으로 인해 누구나 한 번쯤 가보고 싶은 나라, 한때 1인당 GDP가 3만 달러를 넘었던 나라. 바로 그리스다.

2008년 세계 금융위기 이후, EU와 IMF(국제통화기금)로부터 구제 금융을 지원받았으나 국가경제는 회복되지 않았고 2015년 그리스는 IMF로부터 빌린 15억 유로를 상환하지 못하고 국가부도 상태에 빠졌다. 2008년 3만 2189달러였던 1인당 국민소득이 2015년 1만 7955달러까지 하락하였다. 이러한 그리스 사태를 두고 국내 일부 언론에서는 과잉복지와 복지포퓰리즘으로 인해 재정위기가 발생했다고 보도하였다. 그렇다면 과연 그리스는 일부 언론들이 평가하는 것과 같이 정말 복지 때문에 재정위기를 겪게 된 것일까? 과도한 복지로 인해 실질적인 국가부도 사태가 된 것일까? 이에 대해서 알아보자

그리스는 GDP 대비 연금지출 비율이 2012년 기준 17.5%였으며 이는 EU 평균 13.2%, 스웨덴 11.9%에 비해 높은 편이었다.

하지만 높은 퇴직연금 대상은 공무원 직군에만 해당되며 그리스의 노인 빈곤율은 유럽 국가 중 가장 높았다. 연금 비중이 복지 지출에서 높은 편이지만, 대다수의 국민들에 대한 사회복지 수준은 빈약하였고 편중된 복지로 인해 빈부 격차가 심화되고 있었다. 공무원 연금을 제외하면 실질적인 그리스의 GDP 대비 복지 지출 비율은 OECD 평균치를 약간 상회하는 수준이며, EU에서는 평균 수준이었다.

그리스는 GDP 대비 지하경제 규모가 EU 중에서도 가장 높은 나라이다. 2013년 Eurostat 자료에 따르면 그리스의 지하경제 규모는 GDP 대비 24.3%였다. 지하경제 규모가 크다는 것은 정상적인 조세체계가 작동하지 못하고 탈세가 만연해 있다는 의미이다.[82] 국부의 상당한 부분이 재정수입으로 들어가지 않고 누수되고 있다는 점에서 국가재정 악화의 큰 원인이라고 할 수 있다.

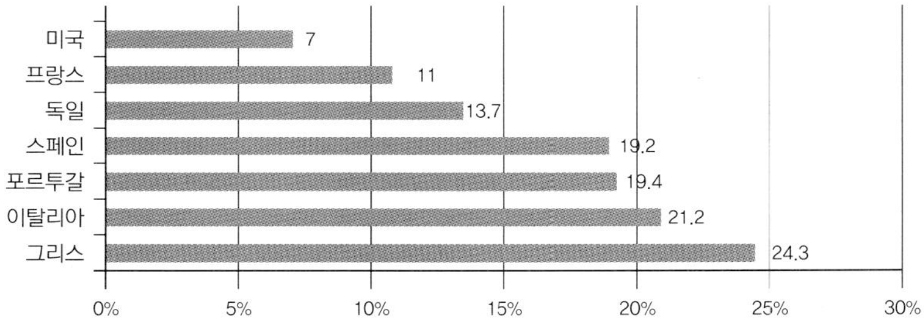

〈그림 11-4〉 각국의 지하경제 규모
출처: Eurostat

82 2009년 그리스 재정적자 360억 유로 중 2/3가 탈세로 인한 것이라는 분석이 나올 정도이다.

그리스 정치권과 공직사회의 부정부패와 만성화된 뇌물 문화가 그리스 재정위기의 원인이라는 분석도 나왔다. 국제투명성기구(TI)에 따르면 공무원들이 요구하는 평균 뇌물액은 1,406유로이며, 지난 10년간 탈세와 뇌물액 규모가 2012년 구제금융 120억 유로에 상응할 정도라고 한다. 사회 전반에 퍼진 부패가 그리스 재정위기의 커다란 요인이며, 향후 그리스의 중요한 해결과제라고 강조하고 있다.[83]

터키의 지배를 받기는 하였지만 그리스는 군사적 충돌의 위험지대에 있지는 않다. 그럼에도 그리스는 EU 국가 중에서 GDP 대비 군사비 지출이 가장 높고 세계 5위의 무기 수입국이다. 2010년 독일에서 2척의 잠수함을 10억 유로를 주고 수입하였지만 물이 새서 사용하지 못하게 되어 원인을 조사하던 중, 그리스 정치인들이 독일 제조사로부터 거액의 뇌물을 받고 무기 결함을 묵인한 사실이 밝혀지게 되었다. 그러나 이로 인해 처벌받은 정치인은 한 명도 없었다. 이렇게 부패한 정치권은 공무원들을 자신들의 지지 세력으로 동원하기 위해 공무원 수를 지속적으로 늘리고, 그들에게 연금 혜택을 과도하게 제공하였다.

EU의 출범은 경제적 측면에서 유로라는 단일 통화존에 가입한다는 것을 의미한다. 그리스가 단일 통화인 유로를 사용하게 되면서 다른 유럽 국가들에 비해 경제 규모나 소득 수준이 낮았기에 상대적으로 그리스화폐는 평가절상되었다. 그 결과 수입은 늘

---

83 TRANSPARENCY INTERNATIONAL(2012), “Greece: The cost of a Bribe”.

고 적자 규모는 증가하였다. 아울러 관광산업과 해운업이 주된 산업인 그리스로서는 세계경제 위기로 인한 관광객 감소, 해운업 쇠퇴까지 겹치면서 재정수지는 더욱 악화될 수밖에 없었다.

결과적으로 그리스 재정위기를 가져온 원인은 복합적이다. 일부 언론에서 언급하고 있는 것처럼 과도한 복지 때문이라기보다는 정치적·경제적·사회적 측면의 요인들이 더 핵심적이라고 할 수 있다. 공무원들에 대한 과도한 연금 혜택도 하나의 원인이라고 할 수 있지만, 정치권과 공무원의 결탁, 부정부패와 뇌물의 관례화, 국가 주요 산업의 쇠퇴, 유로 존 가입으로 인한 통화관리 정책의 자율성 약화, 일반 국민들의 일반화된 탈세가 복합적으로 작용한 것이다. 대내외적 경제 상황을 컨트롤하는 정치만 제대로 작동했어도 그리스는 재정위기까지 가지는 않았을 것이다. 그리스 재정위기는 극소수의 정치인이나 집단들의 이기적 결정이나 이익 추구 행위로 인해 대다수의 국민들이 심각한 고통을 받게 된다는 교훈을 준다.

제12장 · 사회복지 발전의 조건

사회복지는 복잡한 고차함수와 유사하다. 빈곤계층에 대한 생계급여 지원, 연금제도 시행, 아동수당 인상 등과 같은 현금급여의 지급으로 끝나는 것이 아니다. 고차방정식과 같은 복잡한 함수를 풀려면 다양한 조건을 고려해야 하듯이, 사회복지제도의 시행 및 발전을 위해서는 다양한 사회적·정치적·경제적·문화적 조건들이 요구된다. 이 장에서는 사회복지제도가 시행되고 유지되기 위해 필요한 조건들에 대해 살펴보았다.

1. 인식적 측면

사회복지 정책은 다수의 사회적·정치적·경제적 요인들의 복합물이다. 정책은 지지자들의 가치와 신념에 의해 형성되고, 경제적 조건들, 정책 형성·집행의 자원과 시기, 사회적 분위기 등 다양한 요인의 영향을 받는다. 그중에서도 사회복지에 대한 사회 구성원의 인식은 사회복지 정책에 중요한 영향을 미친다. 개인이 특정한 사회문제나 사회복지 현상을 이해하는 시각은 일정한 패턴이 있다. 그 관점은 또한 사회적으로 가공되는 개념과 생각, 가치판단에 의해 형성된다. 사회 구성원이 사회를 인식하는 틀(framework)에 따라 동일한 정책에 대한 평가와 수용 정도가 달라진다.

1) 복지는 자립을 돕는가, 의존을 조장하는가

우리 사회의 복지 논쟁은 제도의 시행을 둘러싼 정책적 이슈보다는 정치적 입장(관점)에 보다 초점이 실려 있다. 친복지적 주장은 진보이고, 비복지적 주장은 보수라는 식의 매우 단순화된 정치적 등식화가 항상 잠재되어 있다. 우리 사회에서 사실 진보와 보수는 학문적·이념적으로 명확히 정립되어 사용되기보다 집권한 정부의 성향을 평가하는 입장에 따라 구분되는 개념이라는 점에서 논란의 소지가 있다. 이는 우리의 이념이나 정치적 입장이라는 것이 상당히 편협된 가치나 이해관계에 국한되어 있음을 의미한다.

일반적으로 서구에서 말하는 정치적 관점은 특히 미국에서의 정치적 관점은 보수주의적 입장(conservative views)과 자유주의적 입장(liberal views)으로 대별된다. 보수주의자는 일반적으로 국민의 세금을 사용하여 개인들의 삶에 정부가 개입하는 사회복지 정책에 소극적 입장을 취한다. 그들은 사회복지가 복지서비스를 필요로 하지 않는 사람들에게도 급여를 주고, 급여를 받는 사람의 자립을 돕기보다 의존하는 태도를 조장한다고 생각한다. 반면에 자유주의자들은 정부의 개입 없이 사회의 복지는 작동하기 어려우므로 정부가 사회의 불공평과 부정의를 시정하기 위한 심판자와 공급자가 되어야 한다고 본다.

저소득층을 지원하는 사회복지 프로그램을 시행할 경우, 한편에서는 저소득층을 지원하는 것이 그들을 국가에 더 의존하도록 만들 뿐이며 자립에 도움이 되지 않는다고 인식한다. 복지 의존성을 조장하기 때문에 저소득층에 대한 지원은 제한적으로 이루어져야 한다고 본다. 다른 한편에서는 저소득층에 대한 선별적·제한적 프로그램 자체가 도움이 되지 않으며 보다 관대한 급여와 보편적 제도를 시행하는 것이 실질적인 도움이 되고 사회적 효용성도 높을 것이라고 인식한다.

인간의 삶에서 우리는 항상 명분과 실리라는 선택에 직면한다. 어떠한 결정을 할 때 명분을 선택하면 실리를 잃게 되고, 실리만 좇다 보면 명분을 상실한다. 최소한의 문명사회라면 개인의 이익 추구가 인간이 지켜야 할 도덕과 양심에 위배되어서는 안 되듯이 사회적인 대의라는 명분도 중요한 가치를 갖는다. 사회복지에서도 명분과 실리의 충돌은 항상 발생하기 마련이다. 이와 같은 명분과 실리의 충돌과 그로 인한 사회적 갈등은 우리 사회에서도 그대로 재현되고 있다. 국민기초생활보장 수급자에 대한 공공의 지원이 과연 어느 정도까지 필요한지에 대한 논쟁에서, 학교 급식의 급식료 지원 대상을 누구로 할 것인지에 대한 논쟁에서 사회복지 정책을 둘러싼 명분과 실리의 충돌과 갈등을 볼 수 있다. 도움을 필요로 하는 사람을 돕는 인류애와 자립을 위한 도움이라는 명분을 택할 것인가, 아니면 의존성 약화와 효율적인 사회적 자원 활용이라는 실리를 추구할 것인가? 현실은 그 중간 지점 어디에 있을 것이다.

2) 복지는 권리인가, 자선인가

과연 사회복지서비스를 이용하거나 서비스 대상자가 되는 것이 자유권이나 정치권과 같은 하나의 권리로 인정될 수 있을까? 사회복지가 하나의 권리로 인정되기 위해서는 국가의 역할과 기능, 개인적 책임과 노력의 한계에 대한 논의가 선행되어야 한다. 개인적 가치와 책임을 우선시하는 사회에서는 사회경제적 구조의 책임과 기능을 상대적으로 낮게 평가한다. 즉 시장 시스템을 통해서 개인의 책임과 역할을 해결하는 것을 주요한 가치로 인정하는 사회에서 복지는 주된 사회제도보다는 보충적·잔여적인(residual) 제도로 운영될 가능성이 높다. 시장과 정부의 역할과 한계에 대한 논의는 권리로서의 사회복지(social welfare as a right)의 인식의 문제와 연관되어 있다.

영국의 사회학자인 티트머스(R. Titmuss)는 사회적 약자들이 시장교환체계에 참여하지 못함으로써 발생하는 불평등·사회 부정의·사회적 배제의 문제를 시장체계의 문제점으로 지적한다. 개인의 힘만으로는 사회적으로 발생하는 차별과 배제를 통제하거나 변화시키기 어렵다. 따라서 사회와 전체로서의(as a whole) 사회체계가 개인의 사회적 안녕을 책임져야 한다고 티트머스는 강조한다.[84]

개인의 안녕과 관련된 건강 보장의 문제를 살펴보자. 건강보험이 시장교환체계에 의해서만 제공된다면 다수의 사람들은 민간보험에 가입하기 어렵거나, 가입한다 해도 보장범위가 매우 좁은 민간보험에 가입하게 되어 실질적인 도움을 받을 가능성이 낮다. 실제로 미국의 경우 사회보험으로서의 국민건강보험은 운영되지 못하고 있어 다수의 사람들이 건강보험 미가입자로 남아 있다. 개인적 가치와 책임을 우선시하는 문화와 가치관이 건강보험의 사회적 운영을 거부하는 논리로 작동하기 때문이다. 권리로서의 사회복지를 주장하는 측에서는 건강 보장을 모든 사람들에게 주어진 권리로 인식한다. 건강 보장을 하나의 권리로 인식한다면, 국민의 건강 보장을 위한 건강보험은 보편적인 제도로 운영되어야 한다. 그러나 건강과 관련된 서비스를 의료시장에서 거래되는 하나의 상품으로 이해한다면 그것은 사회보험이라는 공적인 제도가 아니라 민간의 영역에서 결정될 사항이다.

이와 같이 시장의 역할을 어느 정도로 인정할 것인가의 문제는 우리가 살아가는 데 필수적인 것을 시장에서의 거래를 통해 해결할 때 개인의 책임과 능력에만 맡길 것인가의 문제이다. 위에서 언급했던 티트머스는 시장거래로 해결할 수 없는 부분에는 사회체계가 역할을 해야 한다고 주장한다. 사회체계가 작동하기 위해서는 단순히 자선·자애와 같은 인간의 감성에만 의존할 것이 아니라 권리로서 사회복지서비스를 인정해야 한다.

---

84 Titmuss, R. M.(1968), *Commitment to Welfare*, New York: Pantheon.

그러나 사회복지에 많은 정부 예산이 사용되고, 시장교환체계 참여 능력이 높은 집단에게도 복지 예산이 사용되는 것은 비효율적이며 사회적 낭비이자 세금이 낭비되는 것이라고 다수의 사람들이 생각한다면 선별주의에 대한 선호가 지배적인 패러다임으로 자리 잡는다. 최소한의 지원을 하되 부족한 부분은 민간의 자선으로 해결해야 할 문제로 생각하게 된다.

사회 혹은 개인은 지배적인 인식과 생각, 가치를 가지고 사회현상을 바라보고 판단한다. 특정 현상이나 특정 집단에 대한 판단과 의미 부여가 지속되면 일정한 인식의 틀을 형성하고, 그 인식의 틀은 사회체계나 사회 정책을 일정한 방향으로 고착화시킨다. 예를 들어 맞벌이 부부 한정 보육료 지원 정책은 외벌이 부부에게 동등한 보육료를 지원하는 것에 대해 잘못된 생각을 갖게 만든다. 남편이 직장에 다니고 아내가 가사를 하는 경우, 아내의 보육책임을 사회가 져야 할 이유가 없다는 생각을 만들어 내고 실제로 그러한 생각들은 정책에 반영된다. 제3장에서 설명한 누리과정의 어린이집 이용에서 외벌이 가정 어린이집 이용시간 제한 정책 사례가 바로 그 대표적인 예이다.

우리 사회에서 보육, 학교급식, 교육, 의료, 기초소득보장 등 다양한 영역에서 발생한 사회복지 이슈들은 바로 권리와 자선, 자립과 의존이라는 사회복지를 바라보는 인식의 틀과 관련되어 있다. 그리고 이러한 인식의 틀은 사회복지의 발전과 유지에 있어서 중요한 요인이다.

2. 정치적 측면

복지국가를 둘러싼 논쟁에서 모든 정치세력은 복지 정책에 특별한 의미를 부여하고 있다. "복지국가의 이해방식은 궁극적으로 민주주의와 민주주의의 기본가치에 대한 입장을 반영하기 때문에 복지국가에 대한 정치권의 특별한 관심은 당연하고 또한 바람직한 일이다."[85] 현대 자본주의 국가에서 정치의 역할은 무엇일까? 이 질문에 답하기 전에 근대 이후 출현한 국가의 모습이 어떻게 변화했는지를 살펴볼 필요가 있다. 근대국가 즉 현재와 같은 형태와 체제를 갖춘 국가는 역사적으로 야경국가, 발전국가, 복지국가로 변화해 왔다. 근대 초기 국가의 역할인 국민의 생명과 안전의 보장은 19세기 들어서는 경제성장과 국민의 정치 참여로, 20세기 들어서는 복지제도의 확대로 변화하였다. 이러한 국가의 역할을 결정하고 국가의 정책을 집행하는 것이 바로 정치라는 점에서 사회복지 발전 조건으로서 정치적 측면을 살펴볼 필요가 있다.

1) 정치와 행정의 투명성

한 국가의 정치와 행정의 투명성과 청렴성을 파악할 수 있는 지표로 '부패인식지수(CPI: Corruption Perceptions Index)'가 있다. 부패인식지수는 국제투명성기구(Transparency International)가 매년 공개하는 수치로, 국가의 정치인과 공무원이 얼마나 부패해 있다고 느

85 알렉산더 페트링 지음, 조혜경 옮김(2012), 『복지국가와 사회민주주의』, 한울아카데미, p. 15.

끼는지를 조사한 자료이다.

국제투명성기구에서 발표한 2016년 부패인식지수에서 한국은 조사대상 국가 176개국 중 52위(56점)였다. 부패는 경제성장뿐만 아니라 사회적 불평등, 빈곤, 민주주의 발전 저해 등 사회 전체에 부정적인 영향을 미친다. OECD는 부패인식지수가 25.2% 상승하면 지니계수가 11% 상승하여 소득 불평등이 심화된다는 분석결과를 제시하고 있다.[86] [표 12-1]을 보면 서유럽과 북유럽 국가의 부패 수준이 낮게 나타나고 있는데, 이들 국가는 복지 수준이 높다는 공통점을 갖고 있다. 부패지수가 높다는 것은 정책 결정과 집행에 있어서 투명성과 자원배분의 형평성이 보장되지 못한다는 것을 의미한다.

[표 12-1] 부패인식지수(2016년 기준)

순위	국가	청렴점수	순위	국가	청렴점수
1	덴마크	90	6	노르웨이	85
2	뉴질랜드	90	7	싱가폴	84
3	핀란드	89	8	네덜란드	83
4	스웨덴	88	9	캐나나다	82
5	스위스	86	10	독일	81

출처: TRANSPARENCY INTERNATIONAL[87]

복지제도는 급여의 수혜자가 많아질수록, 급여 수준이 높아질수록 제도의 투명성과 정책 집행의 일관성이 필수적이다. 따라서

86 OECD(2016), "Putting an End to Corruption".
87 TRANSPARENCY INTERNATIONAL(2016), "Corruption Perceptions Index 2016".

복지제도가 제대로 실현되기 위해서는 한 국가의 부패 수준이 낮아야 한다. 부패 문제는 근본적인 차원에서 국가의 수준이 변하지 않는다면 해결되기 어렵다. 복지의 확대 및 제도화는 단순히 제도 시행 차원의 문제만이 아니라 한 국가의 전체적인 수준과 맞물려 있다. 복지제도가 시행된다고 해서 복지 수준이 높게 유지되는 것도, 국민들이 복지의 혜택을 제대로 받으며 삶의 질이 향상되는 것도 아니다. 높은 수준의 정치적 의식과 수준이 뒷받침될 때, 고비용-고효율의 복지제도를 유지할 수 있다.

OECD 국가들 중에서 투명성과 청렴 수준이 하위권인 한국에서 복지의 확대를 외치지만 복지의 확대가 제도적으로 되지 않는 원인 중의 하나는 바로 우리 사회의 투명성과 청렴도가 높지 않기 때문이다.

2) 민주주의의 정착

복지국가는 사회권을 통해 실질적인 자유를 적극적으로 보장할 수 있다. 소극적 자유를 넘어선 적극적 자유를 보장하는 것이 진정한 복지국가의 이상이다. 적극적이고 실질적인 자유의 보장은 국가의 시스템을 통해서 가능하며, 그러한 점에서 민주주의는 복지국가와 불가분의 관계에 있다. 민주주의라는 시스템을 통해서 자유의 이념과 이상을 실현하기 위한 제도와 정책들을 만들고 유지하는 것이 복지국가인 것이다.

민주주의는 사회 구성원의 생명과 안전, 소유권을 보장하고 소극적 자유권을 확보하는 기제가 되어 복지국가의 틀을 형성할 수 있는 기반이 되며, 복지국가는 민주주의 운영에 필요한 사회 구성원의 실질적인 참여와 적극적 자유권을 보장하는 기반이 된다. 즉, 양자는 서로 보완적인 관계에 있다. 따라서 복지제도가 발전하려면 민주주의의 제도화가 필수적이다.

개인의 삶을 스스로 결정할 수 있는 기회를 제공하는 것이 사회복지의 이념이며, 사회복지의 이념은 민주주의라는 절차와 체계를 통해서 실현 가능하다. 복지국가는 국민의 부의 재분배 과정에 개입한다. 그런데 이 과정에서 민주주의적 절차가 존재하지 않는다면 국가의 개입은 개인의 재산권을 제한하게 된다. 재산권을 비롯한 기본권은 법치국가의 성립으로 인해 가능하였기에 재산권의 제한은 법에 의해서만 가능하다. 재산권의 제한이라고 표현하였지만 재산권 전체를 부정한다는 뜻이 아니라, 국가와 사회의 안녕·질서를 위해 재산권의 무제한적인 권리를 제한한다는 뜻이다. 그 제한은 민주주의 절차에 따른 법과 제도에 의해 시행되어야 한다.

3. 사회적 측면

1) 시민의식의 확립

시민의식은 근대국가의 출발점이자 토대이다. 국가의 구성원으로서 시민은 자율적인 생활태도와 의식을 가지고 사회적 책임을 수행할 것을 요구받는다. 사회복지가 유지되기 위해서는 공동체의 문제에 관심을 갖고 적극적으로 의사를 표현하는 능동적 시민의식이 작동해야 한다. 사회복지를 단순한 권리 혹은 의무로만 인식하는 사회에서 사회복지는 '뺏거나 뺏기거나'라는 식의 이분법적 사고가 지배하게 된다. 이분법적 사고가 지배적인 사회에서 사회복지는 확대·유지되기 어렵다. 나는 혜택을 받지도 못하는데 세금을 내야 하고, 타인은 세금도 내지 않고 사회적 기여도 하지 않으면서 혜택을 받는다는 식의 사고가 사회 구성원들의 머릿속에 자리 잡고 있다면 사회복지는 항상 소모적 논쟁의 주제가 되고 만다. 자본의 논리는 경쟁과 효율을 강조한다. 자본의 논리가 모든 영역을 지배하는 사회는 경쟁에서 이탈하거나 탈락한 사람들을 배려하지 못한다. 왜냐하면 그들은 비효율적이기 때문이다. 이런 인식이 팽배한 사회에서는 사회복지가 확대되기 어렵다.

같은 공동체의 구성원으로서 타인을 의미 있는 타자로 인식하고, 시민으로서의 의무와 책임을 다하며, 권리를 적극적으로 행사하는 시민들이 사회복지에 관심을 갖고 제도를 운영할 때 사회복지는 발전 가능하다. 그런 면에서 능동적인 시민의식이 중요하다. 국가 운영과 정치 문제에 대한 무관심과 원자화된 이기주의적 사고는 능동적 시민의식을 저해한다. 의무와 책임보다는 권리만을 앞세우고, 자신의 이익을 위해서 타인의 이익과 공공의 이익을 무시하는 성숙하지 못한 일부 국민들이 사회적 공공재인 사회복지서비스를 합리적으로 이용할 것인가, 사회복지의 운영에 기여할 수 있을 것인가라는 질문에 대한 답은 분명하다.

2) 사회적 연대와 사회적 신뢰

연대의식은 한 사회의 통합 정도를 의미한다. 즉 공동체 구성원으로서 구성원 간에 결속감을 느끼고, 책임의식을 가지고 공동체의 목표를 위한 협력에 참여하는 것이다. 하지만 현재 한국의 경우 '나만 아니면 괜찮아', '나만 잘살면 돼'라는, 연대의식과는 거리가 먼 생각들이 팽배해 있다. 개인이기주의 혹은 집단이기주의가 사회적 연대의식을 저해하는 식으로 작동한다면 복지는 제대로 실행되기 어렵다. 흔히 북유럽 및 서유럽 복지국가의 경우 다른 사회보다 연대의식이 강하다는 점에서 연대의식의 확립은 복지발전의 중요한 요소라고 할 수 있다.

사회적 연대가 성립되기 위해서는 사회적 보상의 공평성 또는 공정성이 중요하다. 자본주의 사회에서 사회 구성원의 결속력은 사회적 보상에 대한 공평성 정도에 따라 달라진다. 자본주의 사회에서 개인의 노력이나 희생에 대한 보상이 매우 불공평하다면 사회에 대한 구성원들의 신뢰가 저하되고, 신뢰의 저하는 연대의식 약화로 이어질 가능성이 높다. 한 사회가 통합되기 위해서는 사회 구성원 간의 신뢰가 중요하다. 그러나 우리 사회의 신뢰 수준은 낮은 수준으로 나타나고 있다. OECD에서 조사한 자료에 따르면 한국은 35개국 중 타인신뢰도는 26번째, 정부신뢰도는 30번째로 나타났다.[88]

---

88 OECD(2016), "Society at a Glance 2016".

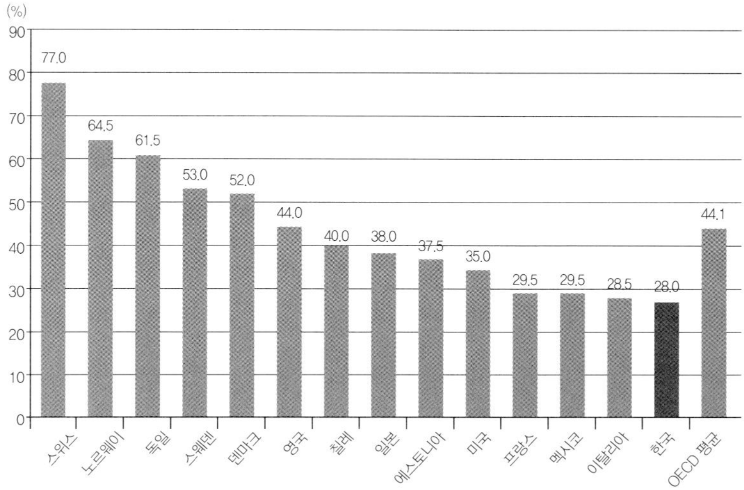

〈그림 12-1〉 OECD 국가의 타인신뢰도
출처: OECD(2016)[89]

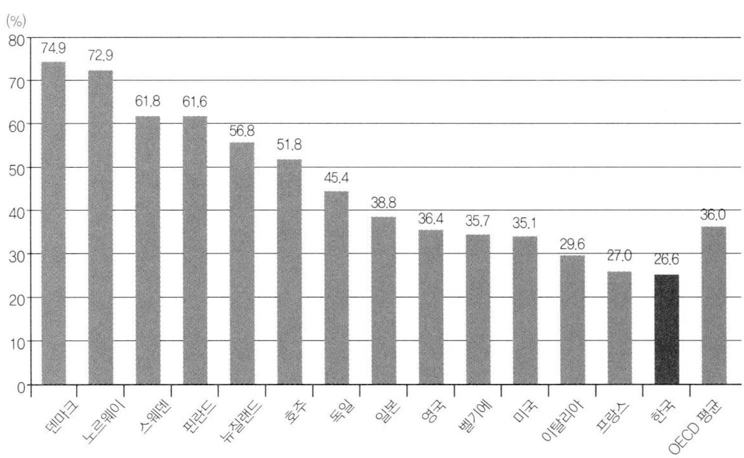

〈그림 12-2〉 OECD 국가의 정부신뢰도
출처: OECD(2016)[90]

89 위의 보고서.
90 위의 보고서.

3) 사회적 타협의 문화

사회복지제도를 결정함에 있어서 사회적 가치를 위한 국민들의 합의가 필요하다. 사회복지제도는 높은 수준의 이해관계 갈등 조정 능력이 필요하다. 모든 사람이 획일적으로 비용을 부담하고 혜택을 동등하게 받을 수 없는 상황에서 사회복지제도는 이해관계가 서로 다른 계층·계급·집단 간의 타협에 의해서 가능하다. 다시 말해 사회복지제도는 이해관계가 다른 세력 간의 타협의 결과물이다. 그러나 서로 다른 이해관계를 가진 집단들 간의 타협은 쉽지 않다. 따라서 갈등을 조정하기 위해서는 타협 문화가 요구된다. 이해관계의 충돌과 갈등을 조정하는 사회적 기제가 한 사회에서 작동하느냐의 여부는 사회복지제도의 지속 가능성에 중요한 요인이 된다. 스웨덴의 사례는 사회적 타협의 중요성을 보여 준다.

사회협약을 통해 계급 간 타협에 성공한 스웨덴은 높은 수준의 복지제도를 유지하고 있다. 사회적 타협의 제도화가 가능했기 때문에 높은 수준의 복지제도를 시행할 수 있었다. 스웨덴은 본격적인 복지국가를 건설하기 이전, 노동자들의 잦은 파업과 그로 인한 사회적 갈등으로 많은 혼란을 경험하였다. 1920~1930년대 스웨덴은 유럽 변방의 국가로서 특별한 부존자원도 없는 빈국이었다. 이때 경제적 성장과 사회의 발전을 위한 청사진을 제시하고 사회적 타협을 위한 분위기를 주도한 것이 바로 정치 영역이었다.[91]

---

91 1928년 스웨덴의 사회민주당 대표 페르 알빈 한손(Per Albin Hansson)은 의회 연설에서 스웨덴은 모든 국민을 위한 좋은 집이 되어야 한다는 의미를 담은 용어로

국가, 노동(노조), 자본(기업)의 세 주체가 동반자적 관계에서 사회적 타협을 실행해 나갔으며, 사회적 타협의 결과물은 법률적 효력을 가진 사회협약으로 구체화되었다. 이와 같은 3자의 협력 관계가 복지국가의 기반으로 작동하고 있으며, 현재의 고부담-고복지의 복지체제를 지속할 수 있는 원동력이 되었다. 흔히 스웨덴 복지모델은 시장경제와 거리가 있다고 생각하기 쉬우나 스웨덴은 1970년대 초까지 중도좌파인 사회민주당을 중심으로 친자본주의적 성장 모델을 추구해 왔다.[92]

스웨덴은 노동의 이익과 자본의 이익으로 양분되는 국민들의 가치를 조화시키고 타협하는 제도를 형성하는 데 있어서 정치와 사회의 역할이 컸다. 복지국가를 구성하고 유지하는 과정에서 각 집단별·세력별 이해관계의 충돌은 불가피하지만 관건은 이러한 충돌을 어떻게 절충하고 지속 가능한 제도로 유지할 수 있느냐이다. 바로 정치부문과 사회부문의 역량과 노력에 의해 좌우된다.

4. 경제적 측면

1) 국가와 시장의 관계

복지와 관련된 주된 논쟁은 주로 복지로 인해 초래되는 비용의

'국민의 집(folkhemmet)'이라는 표현을 사용하였다. 1932년 총리가 된 그는 그러한 이념하에 노동과 자본의 타협을 통해 자유와 평등에 기초한 정책들을 추진하였고 지금의 복지국가 스웨덴의 기초를 마련하였다.

92 김인춘(2015), 「사회적 대타협과 스웨덴 모델의 발전」, 『스웨덴 복지모델의 이해』(고명현 편), 아산정책연구원, pp. 10~38.

문제와 관련되어 있다. 복지제도 운영에 사회적 자원이 투입된다는 점에서 비용의 문제는 복지국가 논쟁의 핵심적 쟁점이기도 하다. 앞 장에서 복지와 경제의 문제를 중심으로 다룬 이유도 이와 관련이 있다. 현대 국가는 순수한 의미의 자유방임 시장경제체제와 국가통제의 계획경제체제가 아니라 국가의 시장 개입을 인정하는 시장경제를 수용한다. 한국의 헌법 제119조 제2항에는 경제에 관한 규제와 조정을 위해 국가가 시장에 개입할 수 있다고 규정되어 있다.[93]

대표적인 개입 수단이 앞서 살펴보았던 세금이다. 조세 정책을 빼고 복지국가를 논의하는 것은 불가능하다. 조세 정책에 대한 이해가 필요한 것은 바로 세금과 사회보험료, 기타 국가징수금이 복지제도 운영의 재원이 되기 때문이다(제8장 참고). 세금은 경제학적으로 자산과 소득의 분배뿐만 아니라 한 국가의 총공급과 총수요에 영향을 미치는 중요한 경제적 요인이기 때문에 복지국가를 논의할 때 조세 정책은 핵심적인 구성요소이다. 문제는 조세 정책 중에서도 누가 얼마를 더 부담할 것인가와 관련된 조세부담의 형평성이다.

"사회적 시장경제는 본질적으로 자유경쟁을 기초로 하고 국가가 적절한 조정을 가함으로써 사회 안전을 보장하는 시장경제다.

---

93 헌법 제119조 제2항. 국가는 균형 있는 국민경제의 성장 및 안정과 적정한 소득의 분배를 유지하고, 시장의 지배와 경제력의 남용을 방지하며, 경제주체 간의 조화를 통한 경제의 민주화를 위하여 경제에 관한 규제와 조정을 할 수 있다.

공식화해서 표현하자면 '시장경제+국가의 조정+사회보장'이 된다."[94] 이러한 사회적 시장경제 모델을 선택하여 복지와 성장을 발전시킨 나라가 독일이다. 독일은 시장경제를 기본으로 하면서 시장이 작동하기 어려운 영역에서는 국가의 적극적인 개입을 활용하는 경제모델을 정착시켰고 제2차 세계대전의 폐허 속에서 현재 EU를 선도하는 국가로 자리 잡았다. 독일의 사례는 국가와 시장의 관계 설정에 대한 하나의 좋은 참고사례가 될 수 있다.

2) 경제성장

복지는 부자국가에서만 가능한 것인가? 흔히들 복지는 높은 수준의 경제성장하에서 가능하다고 생각한다. 현재 1인당 GDP가 높은 국가들은 대체적으로 복지 수준이 높은 복지국가들이다. 북유럽 및 서유럽 국가들의 경우가 그러하다. 따라서 복지를 확대하려면 경제 수준이 높아야 한다는 결론이 나온다. 그러나 이는 피상적인 결론이다.

이 문제는 경제성장이 복지 확대를 가져온다는 인과관계가 타당한 것인지 또는 복지 확대가 경제성장을 촉진하는 것인지 혹은 양자는 함께 나타나는 현상인지에 대한 복잡한 학문적 논쟁의 주제이기도 하다.[95] 확실한 것은 이들 국가들이 경제성장률이나 1

---

94 가오렌쿠이 지음, 김태성·박예진 옮김(2015), 『복지사회와 그 적들: 그들이 말하지 않는 복지국가에 대한 오해와 진실』, 부키, p. 88.

95 김태성(2001), 『사회복지정책의 이해』, 나남출판.

인당 GDP가 일정 수준 이상이 되었을 때 전면적으로 복지를 지금과 같은 수준으로 확대한 것은 아니라는 점이다. 대표적인 복지국가로 손꼽히는 스웨덴의 경우에도 극심한 노사갈등 및 그로 인한 파업, 부존자원의 빈약과 같은 상황에서 복지의 실행을 통해 경제성장과 복지 확대를 가져왔다. 19세기 말 사회보험을 세계 최초로 시행한 독일의 경우, 후발 산업국가로서 당시의 영국, 프랑스에 비해 경제 수준이 낮았음에도 사회보장제도를 전면적으로 시행하였다. 역사적 경험들은 복지의 확대 및 유지가 반드시 경제성장의 후행요인이라고 단언할 수 없음을 말해 준다. 따라서 경제성장을 이루어야만 복지가 가능하다는 주장은 보편타당한 주장이라고 보기 어렵다.

제13장 · 21세기의 사회복지

사회복지는 사회문제 해결을 통해 개인의 삶의 질을 향상시키고자 한다. 사회가 변화함에 따라 발생하는 사회문제의 특성도 변화한다. 현대 사회는 인류 역사상 변화의 속도 면에서 전례가 없을 정도로 급속하게 변화하고 있다. 또한 한국은 압축 성장을 통해 급속히 발전하였지만 그에 따른 부작용이 발생하고 있다. 새롭게 발생하는 사회문제를 새로운 방식으로 해결할 수 있는 방안을 모색할 필요가 있다. 이 장에서는 급변하는 환경하에서 21세기의 사회복지가 고민해야 할 주제에 대해서 살펴보았다.

1. 21세기 한국 사회의 과제

1) 고령화와 저출산

통계청에서 발표한 2015~2065년 장래인구추계에 따르면 한국의 인구는 2031년 약 5296만 명을 정점으로 본격적인 감소세로 접어들어 2065년 4302만 명으로 줄어들 것으로 예측된다.[96] 고령화는 '시한 없는 폭탄'이라고 할 정도로 심각한 사회문제이다. 한국의 고령화 속도가 세계에서도 가장 빠르다는 점에서 우리는 노인인구 증가에 신속하게 대응해야 한다. 2015년 12.8%였던 노인인구비율은 2065년 42.5%로 증가하여 우리나라가 노인인구비율 세계 1위 국가가 될 것으로 예상된다.

유엔인구기금(UNFPA)이 발간한 「세계인구현황보고서 2015」에 따르면 한국의 출산율은 세계 184위이며, OECD 국가 중에서도 최하위권이다. 1970년대에는 한 해 출생아 수가 100만 명이 넘어 초등학교 수업을 2부제로 시행하고, 한 학급에 70명의 학생이 콩나물시루 속 콩나물처럼 좁은 공간에서 수업을 들어야 했다. 이 시기에는 출산율을 낮추기 위해 산아제한 정책까지 시행하였다. '둘만 낳아 잘 기르자'라는 표어도 바로 산아제한 정책을 홍보하기 위한 것이었다. 그러나 불과 20년도 안 되어서 우리 사회는 한 해 출생아 수가 40만 명 이하로 감소하여 저출산 문제가 심각한 사회문제로 등장하게 되었다. 1960년 6.0명이던 합계출산율이 2016년 1.17명으로 줄었다. 이른바 '인구절벽' 상황에 직면해 있다.

현재의 인구구성을 보면 단순히 노인인구가 많고 아동인구가 적다는 문제도 있지만, 인구구성 변화에 따른 경제적 측면에서 파급효과가 상당할 것으로 우려된다는 점에서 문제가 심각하다. 고령화는 경제적 측면에서 생산가능인구 감소로 인해 경제성장에

---

96 통계청 보도자료(2016년 12월 8일 자), 「장래인구추계: 2015~2065년」.

영향을 미치게 된다. 생산가능인구는 '사회적으로 생산활동이 가능하다고 추산되는 15~64세의 인구'를 의미하며 한국의 생산가능인구는 2016년을 정점으로 이미 감소단계에 진입하였다. 생산가능인구의 감소는 사회적 부양부담의 증가를 의미한다.

부양비는 '생산가능인구가 부양해야 하는 비생산인구의 비율'을 의미한다. 2015년 36.2명이던 총부양비[97]는 2035년 66.8명, 2065년 108.7명으로 증가할 것으로 추계되고 있다. 즉 2015년에는 생산가능인구 100명이 아동과 노인 36.2명을 부양하였으나, 2035년에는 66.8명을, 2065년에는 108.7명을 부양해야 한다는 뜻이다. 노인부양비율[98]은 2015년 17.9명, 2040년 57.2명, 2060년 80.6명으로 증가할 것으로 예상된다. 2060년에는 생산가능인구 100명이 노인 80명을 부양해야 한다.

노인부양비는 달리 표현하면 생산가능인구 대비 연금 및 생계지원 생활자의 비율을 의미하는데, 노인부양비가 증가한다는 것은 연금 및 생계지원 생활자의 비중이 높아진다는 의미이다. 연금생활자가 많아질수록 연금재정은 위협을 받게 되며, 생계지원 대상 노인이 많아질수록 세금부담은 증가한다. 국민부담률이 높아질 수밖에 없다는 점에서 생산가능인구의 사회적 부담이 빠른 속도로 증가할 것이다. 저출산 및 고령화로 인한 인구 감소 및 인구구성의 변화는 내수 위축 및 생산 감소를 가져와 경기 침체로

---

97 총부양비=[(0~14세 인구+65세 이상 인구)/15~64세 인구]×100
98 노인부양비=(노인인구/생산가능인구)×100

이어질 가능성이 높다. 경기 침체는 다시 저출산으로 이어지고, 이러한 악순환이 장기간 지속된다면 경제성장뿐만 아니라 국가 존립에도 심각한 문제가 된다.

인구구조의 변화(demographic shift)와 더불어 여성의 사회 참여 증가는 우리 삶의 모습을 20세기와는 다른 모습으로 바꾸어 놓았다. 인구구조의 변화와 여성의 사회 참여 증가는 노동시장의 구조와 사회복지 정책의 초점을 변화시키고 있다. 고령화로 인해 노인인구의 비중이 높아짐에 따라 노인돌봄서비스의 욕구가 증가하였고, 여성의 노동시장 진출과 사회 참여 증가로 인해 가정에서 이루어졌던 아동돌봄(케어)의 욕구가 사회적인 차원의 욕구로 변화되었다. 이에 양육, 보육, 노인돌봄 등의 문제가 사회복지 정책의 새로운 초점이 되고 있다.

전통적인 20세기 사회복지 정책은 전형적인 남성가장 생계모델(male breadwinner model)[99]을 기반으로 한 것이지만 이제는 인구구조·가족구조의 변화, 여성의 사회 참여 증가로 인해 새로운 모델을 수립해야 하는 과제가 제기되고 있다. 과거의 사회복지제도는 남성가장이 질병, 상해, 실업 또는 노령으로 인해 노동시장에서 떠나야 하는 경우를 대비한 모델이다. 하지만 여성의 사회진출과 인구구조의 변화는 새로운 복지모델을 수립해야 하는 과제를 우

99 남성가장이 근로자로서 생계를 책임지고, 아내는 집에서 양육, 돌봄, 가사를 책임지는 가정을 일반적인 가정의 모델로 보았다. 근로소득을 중심으로 사회보장제도가 형성되었기 때문에 사회보장제도는 남성가장이 일을 하는지 여부가 중요한 소득지원의 결정요인이 되었다.

리에게 던지고 있다.[100]

2) 소득 및 교육의 양극화

경제성장률이 지속적으로 증가하고 있지만 우리 사회에서 경제성장의 과실에 대한 분배는 또 다른 사회문제를 야기하고 있다. 최근 악화되고 있는 '소득 양극화' 현상이 그것이다. 상위 소득계층의 소득과 하위 소득계층의 소득 차이가 갈수록 커지고 있고 우리 사회의 성장과 발전을 주도했던 중산층이 점차 줄어들고 있다.

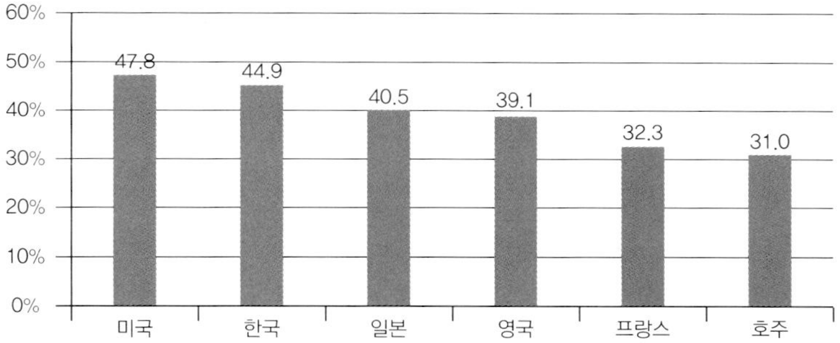

〈그림 13-1〉 국가별 상위 10% 소득계층의 소득 집중도(2012년 기준)

출처: The World Top Database

〈그림 13-1〉에서 한국은 미국 다음으로 상위 10% 소득계층의 소득이 전체 인구의 소득에서 차지하는 비율이 높다. 즉, 상위 10%가 우리 사회에서 창출되는 전체 소득의 약 45%를 가져가고, 나머지 90%가 55%를 갖는 것으로 나타나고 있다.

---

100 Myles, J. & Quadagno, J.(2002), "Political theories of the welfare state", *Social Service Review*, 76(1), pp. 34~57.

소득 양극화는 그 자체로 끝나는 것이 아니라 '교육 양극화'를 가져온다는 점에서 더 큰 문제가 되고 있다. '개천에서 용 난다'라는 속담이 더 이상 작동하지 않는 시대가 된 것이다. 과거 한국 사회에서는 교육이 중요한 사회계층 이동 수단으로 기능하였지만, 이제는 교육 수준이 부모의 소득 수준에 의하여 결정되는 사회로 변화하였다. 학력 불평등이 직업을 결정하고, 직업군에 의한 소득 불평등으로 이어지고, 소득 불평등은 다시 자녀 교육기회의 불평등으로 이어지면서 가난의 대물림 현상이 발생하고 있다. 계층이동의 사다리가 단절되고 부모의 사회경제적 자원에 의해 자녀의 교육, 학력, 취업이 결정되는 현상이 강화되고 있다.

3) 제4차 산업혁명 시대의 도래

현재의 사회복지제도는 산업사회의 사회경제적 구조를 반영한 정치적 타협의 산물이다. 하지만 1980년대 이후, 정치적 이념의 변화와 더불어 산업사회의 결과물인 사회복지제도를 유지시켰던 경제적 구조의 변화, 사회의 변화 등이 맞물리면서 새로운 상황이 전개되고 있다.

경제학자 케인즈는 자본주의가 공산주의보다 더 나은 체제임을 강조하면서 자본축적과 기술진보에 의해 100년 뒤 선진국에서 현재의 4~8배까지 생활 수준이 향상되고 하루에 3시간만 일해도 물질적인 필요를 만족시킬 수 있을 것이라고 예측하였다.[101] 그의

---

101 에드워드 스키델스키 지음, 김병화 옮김(2013), 『얼마나 있어야 충분한가』, 부키.

예언은 낙관적이었지만 현재의 삶과는 상당히 거리가 있다. 버클리 대학교 로버트 라이시(R. Reich) 교수는 인간의 일을 로봇이 대신할 때 생길 막대한 이윤을 어떻게 나눌 것인지, 우리는 로봇이 벌어다 준 시간을 소비할 여력이 있는지에 대한 본질적인 문제를 케인즈가 간과했다고 지적하고 있다.[102] 인공지능이 일자리를 줄이고, 사회적으로 생산되는 이윤을 분배하는 시스템이 마련되지 못한다면 우리의 삶은 지금보다 더 치열해질 수밖에 없다. 모든 일자리가 없어지지는 않겠지만 좋은 일자리는 더 줄어들고, 점점 줄어드는 일자리를 두고 경쟁해야 하고, 그 승자는 소수가 될 수밖에 없다면 대다수 사회 구성원들의 삶은 어떻게 될 것인가?

제조업 위주의 산업사회에서 서비스업으로, 다시 정보통신기술 산업 위주의 사회로 경제적 토양이 변화되었다. 제4차 산업혁명은 경제구조 및 고용구조의 변화를 통해 우리 삶에 지대한 영향을 미치게 될 것이다. 인공지능(AI), 사물인터넷(IoT), 빅데이터로 대변되는 제4차 산업혁명은 이전과 비교가 되지 않을 정도의 생산성 증가를 가져올 것으로 예상된다. 그러나 생산성 증가를 가져오는 기술 발전은 많은 영역에서 인간의 노동을 불필요하게 만드는 요인으로 작동할 것으로 보인다. 기계가 미숙련·숙련 일자리를 대체함으로써 기계를 소유하는 자본이 노동보다 더 많은 소득의 몫을 점유할 가능성이 높다. 기술 발전이 사회 양극화를 초래할 가능성

---

102 로버트 라이시 지음, 안기순 옮김(2016), 『로버트 라이시의 자본주의를 구하라』, 김영사.

이 예견된다. 아울러 제4차 산업혁명은 노동 자체의 성격을 변화시킨다는 점에서 새로운 사회적 고민의 모색이 필요하다.

앞서 살펴보았던 기본소득제 주장도 바로 이러한 측면과 연계되어 있다. 보편적인 기본소득이 필요한 이유이다. 자본주의 경제는 소비가 지속적으로 이루어져야 생산과 투자가 가능하고, 이것이 다시 소비를 창출함으로써 재생산과 재투자가 가능하다. 그러나 전체적인 구매력의 감소는 이러한 순환 고리를 끊어 버려 자본주의 경제를 위기에 빠뜨리게 할 가능성이 높다. 노동을 중심으로 한 소득 배분방식이 작동하지 않는 시점이 곧 도래할 수 있다는 것은 기존의 사회복지 시스템이 더 이상 유효하지 않을 수 있다는 의미이다. 이것은 또한 새로운 형태의 근로와 복지에 관한 계약, 새로운 사회계약을 모색해야 할 시점에 이미 접어들었다는 의미이다.

2. 한국 사회복지의 미래

사회복지의 역사적 발달과정을 보면 20세기 초 사회보험 시대를 거쳐 20세기 중반 이후 복지국가 시대로 변화되어 왔다. 이러한 변화는 당시의 산업구조와 사회문제를 반영한 시대적 산물이다. '20세기의 사회복지가 21세기에도 유효할까?', '사회보험과 공공부조 위주의 사회보장 시스템이 21세기에도 여전히 유효할 것인가?', '현재의 사회보장 시스템이 작동한다 해도 다수의 사회

구성원들에게 도움을 줄 수 있는 유효성을 가질 것인가?' 등의 문제를 고민해야 한다.

인구구조의 변화, 정보통신 기술의 급격한 발전, 사회계층의 다양화와 그로 인한 사회적 이해관계 조정의 어려움, 사회 양극화, 복지에 대한 부정적 인식과 선별적 복지에 대한 선호 등 향후 한국 사회에서 복지를 확대하기 위해서는 극복해야 할 장애물들이 많다. 이러한 장애물들을 극복하고 '한국형 복지모델'을 만들어 가는 작업들이 사회적으로 추진될 때, 제1장에서 언급하였던 개인의 행복한 삶에 도움이 될 수 있다. 개인의 행복한 삶은 개개인의 노력과 공동체의 노력이 함께할 때 가능하다. 베버리지 보고서와 같은 한국형 복지모델의 청사진을 제시하고 협력하는 공동체의 지혜가 필요하다. 이러한 공동체를 만들기 위한 조건들은 무엇이 있을까?

첫째, 정치의 리더십과 투명성이다. 정치영역에서 다양한 사회적 이해관계를 조율할 수 있는 정치적 리더십이 요구된다. 사회계층 간의 부담과 혜택의 정도에 따라 갈리는 이해관계의 갈등을 조정하여 사회적 타협을 끌어낼 수 있는 정치권의 리더십이 중요하다. 국민들의 신뢰를 받을 수 있는 투명한 정책 결정과 정책 집행 또한 중요하다. 2015년 그리스는 정치인들의 부패와 전 국민에게 만연된 탈세, 탈법 등으로 인해 국가부도 사태를 맞게 되었다. 한국의 일부 언론에서는 그리스 국가부도의 원인을 과도한 노령연금 등 복지 과잉으로 진단하였지만, 더 핵심적인 원인은 바로 정치의 실종이었다.

둘째, 경제성장 및 그에 조응하는 분배의 공정성이다. 복지 확대를 위해서는 경제적 조건의 뒷받침이 필수적이다. 시장에서의 공정한 경쟁과 시장질서를 보장하고, 성장의 과실을 공정하게 분배하는 시스템을 만들어 가는 것이 중요하다. 지속적인 양극화 심화 및 성장 동력 상실, 공정거래 위반 등 경제성장과 분배를 위협하는 요인들을 제거하고, 복지를 확대할 수 있는 물질적인 조건들을 확보해 가는 것이 중요하다.

셋째, 사회적 자본과 연대의식의 확대이다. 경제학자 프랜시스 후쿠야마(F. Fukuyama)는 사회적인 소통과 신뢰의 정도, 규범의 준수를 의미하는 사회적 자본(social capital)은 경제성장에도 중요한 역할을 한다고 강조한다. 사회적 자본이 높은 사회일수록 고신뢰 사회이며, 신뢰가 높은 사회일수록 경제성장률도 높다는 것이다. 한국은 OECD 회원국 중에서 사회적 자본이 최하위권이다. 사회적 자본의 빈약함은 사회적 통합과 사회적 연대의 확대를 가로막는 요인이 된다. 학연·혈연·지연과 같은 전근대적 1차적 관계를 넘어서는 사회적 관계의 확대를 통해 사회적 연대의식을 넓혀 가야 한다.

3. 에필로그

우리 사회는 세계에서 전례가 없는 단기간의 경제성장을 통해 물질적인 수준의 급속한 향상을 달성했다. 세계 최빈국 중 하나였던 한국이 양적 성장을 통해 현재의 물질적 복지를 누리고 있는 것은 기적과도 같다. 제3세계들이 부러워했던 '한강의 기적'을 우리는 이루었다. 하지만 이제는 성장에 대한 관점을, 그리고 행복에 대한 관점을 바꿔야 한다. 경제성장에 대한 목표가 양적인 것에서 질적인 것으로 변화되어야 한다. 1인당 GDP와 같은 소득 기준이 행복의 유일하고 절대적인 척도가 아니라 사회 구성원들의 삶의 질에 영향을 미치는 요인들을 반영한 '행복GDP'가 필요하다. 사회구조적 문제로 인해 자신의 삶을 스스로 선택할 수 있는 기회조차 누리지 못하는 사회 구성원들이 확대되지 않도록 해야 한다.

우리 사회에서 복지가 단순히 불쌍한 사람을 도와주기 위한 자선의 차원으로서가 아니라 개개인의 삶에 있어서 자율적인 선택권과 기회를 보장해 주는 사회 구성원 전체의 문제로 인식되어야 복지를 둘러싼 편 가르기 식의 소모적인 논쟁에서 벗어날 수 있다. 복지에 대한 인식의 지평이 확대되고, 인식의 확대가 복지의 제도화로 연계되어 복지 혜택에 대한 사회 구성원들의 사회적 경험이 확대될 때 사회제도로서 사회복지는 안정적으로 유지될 수 있다.

한 국가의 복지 수준은 그 국가의 격(格)이다. 한 개인의 도덕적 수준과 삶의 가치관을 보여 주는 '인격'이 있듯이, 한 국가의 수준과 지향점을 보여 주는 '국격'이 바로 사회복지이다. 사회적 약자를 우선적으로 어떻게 보호하는지, 그리고 경제적·정치적 권력을 갖지 못한 다수의 사회 구성원들을 어떻게 대우하는지의 문제가 바로 사회복지이다. 그런 점에서 사회복지는 가치 지향적이며 가치판단의 문제와 불가분의 관계에 있다. 민주주의 사회에서 모두가 동의하는 가치는 이상에 불과할지도 모른다. 그럼에도 인간은 이상을 향해 점진적으로 나아갈 때 존재가치가 발하는 것이다. 서로 다른 가치의 지향점을 인정하되 개인과 공동체가 지금보다 더 나아질 수 있는 방향을 선택하기 위한 노력들을 해 나가는 것이 현재 우리에게 주어진 과제이다.

대한민국이라는 공동체의 발전과 대한민국 국민 개개인의 삶은 분리될 수 없다. 개인과 공동체가 함께 조응하는 사회를 위한 제도를 만들어 가는 것이 이 시대를 살아가는 우리에게 주어진 과제이자 역사적 소명이다.

참고문헌

가오렌쿠이 지음, 김태성·박예진 옮김(2015), 『복지사회와 그 적들: 그들이 말하지 않는 복지국가에 대한 오해와 진실』, 부키.

강남훈·곽노완(2014), 『기본소득의 쟁점과 대안사회』, 박종철출판사.

강병수(2016), 「보편적이고 누진적인 복지재원 확보와 선결 조건들」, 『복지이슈 Today』, vol. 34, 서울복지재단.

국립보건연구원(2016), 「지역건강통계 한눈에 보기」.

국세청(2017), 『2016년 국세통계연보』.

권중돈·김동배(2006), 『인간행동과 사회환경의 이해』, 학지사.

권중돈·조학래·윤경아·이윤화·이영미·손의성·오인근·김동기(2011), 『사회복지개론』, 학지사.

김낙년(2014), 「개인소득세 및 사회보장 기여금의 계층별 부담률」, 『경제사학』, 57호, 경제사학회.

김성천·강욱모·김영란·김혜성·박능후·박수경·송미영·안치민·엄명용·윤혜미·이성기·최경구·최현숙·한동우(2009), 『사회복지학개론: 원리와 실제』, 학지사.

김인춘(2015), 「사회적 대타협과 스웨덴 모델의 발전」, 『스웨덴 복지모델의 이해』(고명현 편), 아산정책연구원.

김태성(2001), 『사회복지정책의 이해』, 나남출판.

로버트 라이시 지음, 안기순 옮김(2016), 『로버트 라이시의 자본주의를 구하라』, 김영사.

리처드 윌킨슨 지음, 김홍수영 옮김(2008), 『평등해야 건강하다(The Impact of Inequality)』, 후마니타스.

마이클 샌델 지음, 이창신 옮김(2010), 『정의란 무엇인가』, 김영사.

마이클 샌델 지음, 안진환·김선욱 옮김(2016), 『정치와 도덕을 말하다: 좋은 삶을 향한 공공철학 논쟁』, 오이즈베리.

박병현(2011), 『사회복지의 역사』, 공동체.

박지향(1997), 『영국사: 보수와 개혁의 드라마』, 까치.

성명재(2012), 「부가가치세율 조정의 소득재분배 효과: 복지지출 확대와의 연계가능성」, 『재정포럼』, 2012년 10월호, 한국조세재정연구원.

안종석(2013), 「중장기 조세정책 방향에 대한 제언」, 중장기 조세정책 방향 공청회 자료, 한국조세재정연구원.

알렉산더 페트링 지음, 조혜경 옮김(2012), 『복지국가와 사회민주주의』, 한울아카데미.

앤터니 기든스 지음, 김미숙·김용학·박길성·송호근·신광영·유홍준·정성호 옮김(1994), 『현대사회학』, 을유문화사.

에드워드 스키델스키 지음, 김병화 옮김(2013), 『얼마나 있어야 충분한가』, 부키.

오준호(2017), 『기본소득이 세상을 바꾼다』, 개마고원.

우대형(2014), 「한국경제성장의 역사적 기원」, 한국경제사학회 2014 춘계학술대회 자료집, 한국경제사학회.

원석조(2016), 『사회복지발달사』, 공동체.

유시민(2014), 『국가란 무엇인가』, 돌베개.

이준구·이창용(2015), 『경제학원론』, 문우사.

임현진(2015), 「한국 복지국가의 미래: 중조세-중복지를 위한 제언」, 『불평등 한국, 복지국가를 꿈꾸다』(이정우·이창곤 외), 후마니타스.

장인협(1997), 『사회복지개론』, 서울대학교출판부.

장하준(2010), 『그들이 말하지 않는 23가지』, 부키.

조순·정운찬·전성인·김영식(2013), 『경제학원론』, 율곡출판사.

존 롤스 지음, 황경식 옮김(2003), 『정의론』, 이학사.

통계청, 「가구동향조사」.

프랭크 러벳 지음, 김요한 옮김(2013), 『롤스의 정의론 입문』, 서광사.

한국조세재정연구원(2017), 「트럼프 세제개편안의 주요 내용 및 평가」, 『조세재정 BRIEF』, 통권 제47호.

현대경제연구원(2016), 「우리나라 사회신뢰도와 공정성에 대한 인식과 시사점」, 『현안과 과제』, 16-41호.

Berlin, I.(1969), "Two Concepts of liberty" In Berlin, I.(Ed.), *Four Essays on liberty*, London: Oxford University Press.

Leigh, A.(2006), "Growth Matters: Gross National Happiness", *Aurora Magazine*, Issue 3, The Center for Bhutan Studies.

Dolgoff, R. & Feldstein, D.(2002), *Understanding social welfare*, Boston: Allyn & Boston.

Etzioni, A.(1994), *Sprit of Community*, Touchstone.

Korpi, W. & Palme, J.(1998), "The Paradox of Redistribution and Strategies of Equality", *American Sociological Review*, 63(5).

Macarov, D.(1995), *Social Welfare: Structure and Practice*, London: Sage Publications.

Maslow, A.(1970), *Motivation and Personality*, New York: Harper & Row.

Myles, J. & Quadagno, J.(2002), "Political theories of the welfare state", *Social Service Review*, 76(1).

OECD(2009), "Pension at a glance".

OECD(2014), "Social Expenditure Update", November 2014.
OECD(2016), "How's life?".
OECD(2016), "Putting an End to Corruption".
OECD(2016), "Society at a Glance 2016".
Pen, J.(1971), *Income Distributions: Facts, Theories and Policies*. NY/Wash.: Praeger.
Ryan, W.(1971), *Blaming the victim*, New York: Pantheon.
SDSN(2016), "World Happiness Report 2016".
Segal, E. A.(2007), *Social welfare policy and social programs: A values perspective*. CA: Brooks/Cole, Sengage Learning.
Shallins, Marshll(1974), *Stone Age Economics*, London: avistock.
Titmuss, R. M.(1968), *Commitment to Welfare*, New York: Pantheon.
TRANSPARENCY INTERNATIONAL(2012), "Greece: The cost of a Bribe".
TRANSPARENCY INTERNATIONAL(2016), "Corruption Perceptions Index 2016".
WHO(2008), "Closing the Gap in a Generation".

http://stat.nabo.go.kr
http://www.mosf.go.kr
http://www.transparency.org/news

보건복지부 보도자료(2013년 5월 31일 자), 「치매유병률 9.18%, 치매환자 수 20년마다 2배씩 증가」.
통계청 보도자료(2016년 12월 8일 자), 「장래인구추계: 2015~2065년」.
『경향신문』 기사(2016년 6월 15일 자), 「최저임금과 기본소득을 위한 변론」.